# 公路工程施工现场<br>安全标志和安全防护设置技术指南

# Technical Guide for Safety Signs and Safety Protection Settings at Highway Construction Site

浙江省交通运输厅工程质量监督局　编著

人民交通出版社
China Communications Press

## 内 容 提 要

本书针对公路工程施工过程中存在的安全标志和安全防护设施设置、管理等问题，分五个章节全面、透彻地阐述公路工程施工现场安全标志和安全防护设施设置要求和技术要求，并附公路工程施工现场常用安全标志和安全防护设施设置图例和设置示例，对公路工程施工具有较强的实用价值。

本书理论联系实际，图文并茂，深入浅出，既注重科学性、规范性，又突出实用性、操作性，对提高公路工程施工作业“本质安全”水平，推进“平安工地”建设具有重要指导作用。

本书可供从事公路工程建设、施工、管理的技术人员以及安全管理人员参考使用。

**图书在版编目(CIP)数据**

公路工程施工现场安全标志和安全防护设置技术指南/浙江省交通运输厅工程质量监督局编著. —北京：人民交通出版社，2014.5

ISBN 978-7-114-11389-5

Ⅰ.①公… Ⅱ.①浙… Ⅲ.①道路施工-安全标志-指南 ②道路施工-安全防护-防护设备-指南 Ⅳ.①U415.12-62

中国版本图书馆 CIP 数据核字(2014)第 079934 号

**书　　名**：公路工程施工现场安全标志和安全防护设置技术指南
**著 作 者**：浙江省交通运输厅工程质量监督局
**责任编辑**：王文华(125976580@qq.com)
**出版发行**：人民交通出版社
**地　　址**：(100011)北京市朝阳区安定门外外馆斜街 3 号
**网　　址**：http://www.ccpress.com.cn
**销售电话**：(010)59757973
**总 经 销**：人民交通出版社发行部
**经　　销**：各地新华书店
**印　　刷**：中国电影出版社印刷厂
**开　　本**：787×1092　1/16
**印　　张**：5.5
**字　　数**：80 千
**版　　次**：2014 年 5 月　第 1 版
**印　　次**：2020 年 12 月　第 3 次印刷
**书　　号**：ISBN 978-7-114-11389-5
**定　　价**：30.00 元
(有印刷、装订质量问题的图书由本社负责调换)

# 《公路工程施工现场安全标志和安全防护设置技术指南》

## 编 委 会

**主　　编：** 林　军

**副 主 编：** 涂荣辉　申屠建新

**编写人员：** 孙晓军　翟　弢　包纯风　应跃龙
戴世位　周　毅　崔晓明　邢敦成
邱柏良　张灵吉　汤洪伟　陈叶根
彭军安　任宝刚　方兆寅　潘　健

## 编 写 单 位

**主编单位：** 浙江省交通运输厅工程质量监督局

**参编单位：** 浙江宏途交通建设有限公司

# 序　言

安全生产事关人民群众生命财产安全，是社会文明的重要标志，是全面建成小康社会宏伟目标的重要内容。

近年来，随着交通建设工程规模的不断扩大，建设环境复杂、施工条件差、不安全因素动态变化快，生产安全事故诱因复杂和主体从业人员（农民工）流动性大，生产安全事故呈现“易发、频发、多发”等特点，安全生产面临较大的压力和挑战。据不完全统计，交通建设工程领域50%以上生产安全事故的发生与施工现场安全标志和安全防护设施设置不规范、不标准、管理不到位等因素有关。因此，规范施工现场安全标志和安全防护设施设置对预防生产安全事故发生意义重大，也是践行“本质安全”理念的重要体现。

《公路工程施工现场安全标志和安全防护设置技术指南》（以下简称《指南》）结合公路工程特点，针对施工安全生产薄弱环节和事故易发多发部位，有针对性地明确施工现场安全标志和安全防护设施设置要求和技术要求，按照总则、术语、基本规定、安全标志、安全防护共五个章节编写，并附设置图例与设置示例，图文并茂，深入浅出，既注重科学性、规范性，又突出实用性、操作性，对提高公路工程施工作业“本质安全”水平，推进“平安工地”建设具有重要指导作用。

《指南》编制工作历时近两年，编写委员会以实地调研、组织座谈、专家审查等形式，广泛吸取交通工程质监、建设、施工、监理等单位相关专家的意见与建议，数易其稿。在编制过程中，得到了杭州市交通工程质量安全监督局、钱江通道南接线工程建设指挥部、浙江省交通工程建设集团有限公司等单位的大力支持和帮助，在此一并表示感谢。

本《指南》因初次编制，难免存在不足之处，欢迎广大读者提出宝贵意见和建设，请反馈至浙江宏途交通建设有限公司（杭州市滨江区江陵路2031号，邮编310051），以供本书修改和完善。

编者

**2014年4月12日**

# 目　录

# 1 总　　则

**1.1**　为规范公路工程施工现场安全标志和安全防护的设置,防止和减少生产安全事故发生,保障人民群众生命和财产安全,制定本指南。

**1.2**　本指南适用于公路工程新建、改建、扩建的主体工程施工现场安全标志和安全防护设置和管理,其他公路工程中的房建、交通安全设施、绿化、机电等附属工程参照执行。

**1.3**　公路工程施工现场安全标志和安全防护设置,除应遵循本指南外,尚应符合国家及行业现行有关法律、法规和标准的规定。

# 2 术　语

## 2.1 临边作业

施工现场高处作业中工作面边沿无围护设施或围护设施高度低于0.8m的作业。

## 2.2 安全防护

为预防施工时发生人员伤亡事故而设置的各类安全设施、设备、器具等。

## 2.3 工作平台

为施工人员和施工设备提供作业场所而搭建的临时工作平台。

## 2.4 危险区域

可能造成人员伤害、财产损失的工作场所。

## 2.5 三区

办公区、生活区和施工作业区。

## 2.6 五牌一图

“五牌”是指施工告示牌、安全生产牌、文明施工牌、危险源告示牌、消防保卫牌。“一图”是指施工现场总平面图。

## 2.7 明示标志

明确安全分类或防护措施等特定信息的标记。

# 3 基本规定

**3.1** 公路工程施工现场应按照本指南设置安全标志和安全防护，实行先验收后施工原则。

**3.2** 项目开工前，应根据工程实际，编制施工现场安全标志和安全防护设置总体规划，明确安全标志和安全防护设置内容和要求。

**3.3** 安全标志和安全防护应设置合理，安装牢固，外观清晰，颜色醒目，材质坚固耐用，结构尺寸合理。在夜间和视线不良作业区，还应增设必要的照明设施、警示灯或发(反)光装置。

**3.4** 施工现场安全标志和安全防护应专人管理，定期组织检查、维修和保养，发现松动、变形、损坏或脱落等，应及时修理完善或更换。

**3.5** 安全防护主要受力构件应进行安全验算。

**3.6** 提倡使用定型化、标准化、工具化的安全防护。

# 4 安 全 标 志

安全标志是用以表达特定安全信息的标记，由图形符号、安全色、几何形状（边框）或文字构成，分为禁止标志、警告标志、指令标志、提示标志和明示标志，见附录 A.1，安全标志的设置示例见附录 A.2。

## 4.1 技术要求

### 4.1.1 形状与尺寸

安全标志形状分为矩形安全标志和圆形安全标志。

矩形安全标志尺寸（长 × 宽）一般为 30cm × 40cm、40cm × 30cm、60cm × 80cm、80cm × 60cm、150cm × 100cm、150cm × 200cm、200cm × 150cm、250cm × 200cm。

圆形安全标志直径一般为 30cm 和 50cm。

在特殊情况下可根据现场实际确定，但不得影响表示效果。

### 4.1.2 颜色与字体

禁止标志：图形符号为黑色，背景为白色，几何图形为红色。

警告标志：图形符号为黑色，背景为黄色。

指令标志：图形符号为白色，背景为蓝色。

提示标志：图形符号及文字为白色，背景为绿色或红色。

明示标志：图形符号及文字为白色，背景为绿色。

标志中所有的文字均采用黑体。

### 4.1.3 材料

安全标志一般应选用铝合金板、薄钢板、合成树脂类板材等材料制作，表面应无毛刺、孔洞等影响使用的瑕疵。有触电危险的，应使用绝缘材料制作。照明条件差的，应用荧光材料制作。

### 4.1.4 构造与安装

安全标志一般由底板、支撑件、基础等组成，支撑件可选用槽钢、钢管等材

料，保证有一定的强度和刚度，满足抗风、抗拔等要求。

安全标志应设置在明亮的环境中，安全标志平面与视线夹角应接近90°，观察者位于最大观察距离时，最小夹角不小于75°，标志前不得放置妨碍认读的障碍物，不应设在门、窗、架等可移动的物体上。

悬挂式（附着式）安装标志下缘距离地面高度一般为160cm左右，柱式安装标志下缘距离地面高度一般为80cm左右。

多个标志牌并列设置时，应按禁止、警告、指令、提示、明示类型的顺序，先左后右、先上后下排列。

## 4.2 设置要求

### 4.2.1 通用作业

#### 4.2.1.1 办公区

办公区应设置“五牌一图”等标志。

#### 4.2.1.2 生活区

消防器材：应设置“火警119”“消防器材，严禁挪用”等标志。

临时用电：应设置“有电危险　当心触电”等标志。

#### 4.2.1.3 施工作业区

吊装作业：应设置“当心吊物”“当心落物”“吊臂下方严禁站人”“禁止停留”等标志。

焊接、气割作业：应设置“当心触电”“当心弧光”“当心火灾”“禁止放易燃物”“必须戴防护手套”“必须戴防护面罩”“必须穿防护服”等标志。氧气、乙炔瓶运载车上应设置“禁止暴晒”“禁止烟火”等标志。

钢筋加工：应设置“当心机械伤人”等标志。

水上作业：应设置“当心落水”“必须穿救生衣”等标志。

爆破作业：应设置“爆破区域，严禁进入”等标志。

张拉作业：应设置“张拉危险，请勿靠近”等标志。

临边作业：应设置“注意安全”“严禁攀爬”“请勿靠近”等标志。

高处作业：应设置“必须系安全带”“当心坠落”等标志。

预制作业：应设置“当心吊物　禁止停留”标志。存梁区应设置“严禁超高”等标志，其下方设置“禁止停留”等标志。

拌和作业:场内道路应设置限速标志及交通引导标志。

水泥储存罐下方应设置“当心坠落”“当心落物”“禁止攀登”等标志。

拌和楼操作室应设置“非操作人员禁止入内”“安全操作规程”等标志,料斗处醒目处应设置“当心车辆”“注意安全”“禁止停留”等标志,上料区应设置“上料区域　注意安全”等标志。

输送带下方应设置“当心落物　禁止停留”等标志;料斗输送带坑槽四周的栏杆上应设置“当心坠落”“禁止翻越”“禁止靠近”等标志。

仓库和危化品存放处应设置“严禁烟火”等标志;沥青储存区应设置“严禁烟火”“当心烫伤”等标志。

边施工边通车作业:两端应设置交通路锥、交通警告、警示、诱导标志等临时性道路交通标志,必要时,两端应设置交通信号灯或配备交通指挥人员。

施工便道:应设置“非施工车辆禁止通行”等标志。一般路段应设置限速、“请减速慢行”等标志。施工路段,应设置“前方施工　减速慢行”、限速等标志。危险段应设置“危险地段　注意安全”等标志。便道分岔路口设置方向指示标志。

施工便桥:应设置“减速慢行”、限重、限速等标志。通航便桥两侧每隔 10m 设置一道警示灯。

栈桥:前进方向右侧设置“减速慢行”、限重、限速等标志。通航孔上、下游及通航孔应设置水上交通安全警示标志和警示灯、灯塔、浮标。

4.2.1.4　出入口区

现场出入口:应设置“施工重地　闲人免进”“必须戴安全帽”等标志。

上下梯道口:应设置“注意安全”“当心滑跌”“安全通道”“仅限 × 人攀登”等标志。

隧道口:应设置“非工作人员禁止入内”“注意安全”“必须戴安全帽”等标志。

沿线交叉口:应设置“当心车辆行人”“前方施工　减速慢行”“前方施工　注意安全”“减速慢行”等标志牌。

施工电梯:入口应设置安装验收牌、使用告示牌、限载标识牌等标志。

4.2.1.5　存放区

材料存放区:应设置材料标识牌、“废旧物品存放处”“禁止烟火　禁止吸

烟”等标志。

消防器材存放区:应设置“火警 119”“消防器材　严禁挪用”等标志;指示消防器材或报警装置方向的,应设置提示标志。

燃油存放区:应设置“禁止烟火”“当心爆炸”等标志。

爆炸物品存放区:应设置“当心爆炸”“禁止放易燃物”、危险源公示牌、值班人员公示牌、“仓库重地　闲人莫入”“禁止烟火”等标志。

4.2.1.6　机械设备

应设置机械设备标识牌、安全操作规程牌等标志;带电机械设备的应设置“当心触电”等标志;带式输运机应设置“禁止跨越”等标志;锅炉应设“当心烫伤”等标志;特种设备应设使用登记牌、安全检验合格牌等标志,起重设备应设置“吊臂下方严禁站人”、安装验收牌、使用告示牌等标志。

设备检修、更换零件时,应悬挂“禁止启动”等标志。

4.2.1.7　临时用电

变压器与配电室:变压器围墙或栅栏的明显部位应悬挂“禁止攀登”“高压危险”等标志;门口应设置“禁止烟火”“非电工禁止入内”等标志。

配电线路:临空架设的应设置“净空 ×m”等标志;埋设地下的电缆,应设置“下有电缆　严禁开挖”等标志。

配电箱与开关箱:应设置“有电危险”“当心触电”、安全责任牌等标志。设备线路检修时应悬挂“禁止合闸”等标志。

### 4.2.2　路基工程施工现场

4.2.2.1　路基开挖

应设置“当心塌方”“当心落物”“当心跌落”“注意安全”“禁止停留”等标志。

4.2.2.2　路基填筑

应设置“当心滑跌”等标志。

4.2.2.3　防护工程

应设置“当心坠落”“禁止抛物”“必须系安全带”“必须穿防滑鞋”“当心滑跌”等标志。

**4.2.3　路面工程施工现场**

4.2.3.1　结构层施工

施工路段应设置“施工路段　注意安全”“施工路段　减速慢行”“非施工车辆禁止通行”等标志。

施工机械后方应设置“禁止停留”“注意安全”等标志;沥青洒布作业现场应挂设“当心烫伤”“严禁烟火”等标志。

4.2.3.2　交通管制

沿线交叉口应设置“前方施工　注意安全”“非施工人员及车辆禁止入内”等标志;交叉施工、边通车边施工路段应设置交通路标、交通警告、警示、诱导标志临时性道路交通标志。

**4.2.4　桥梁工程施工现场**

4.2.4.1　基础工程

挖孔桩:孔口醒目位置设置“当心坑洞”“当心坠落”“注意通风”“必须戴安全帽”“必须系安全绳”等标志。

钻孔桩:孔口处应设置“当心坑洞”“当心坠落”等标志;泥浆池四周应设置“泥浆池危险　请勿靠近”等标志,夜间要设置照明灯或示警灯;水上作业平台醒目位置应设置“注意安全”“当心落水”“必须穿救生衣”等标志;临近航道的应设置水上交通安全警示标志。

围堰:应设置“当心落水”“非工作人员禁止入内”“必须穿救生衣”等标志。

基坑:应设置“禁止翻越”“基坑危险　请勿靠近”等标志,夜间要设置照明灯或示警灯;基坑壁醒目位置应设置“禁止靠近”“当心坍塌”等标志。

4.2.4.2　下部结构

墩台:应设置“注意安全”“当心坠落”“禁止靠近”“必须系安全带”等标志。

盖梁:脚手架外侧醒目处应设置“当心坠落”“当心落物”“当心吊物”“禁止攀登”“禁止抛物”等标志。

4.2.4.3　上部结构

梁板架设:运梁车车尾应设置双向诱导标志和“慢行”等标志,运梁通道应设置限速标志;架设现场应设置“当心坠落”“禁止抛物”“必须戴安全帽”“必须系安全带”等标志;施工警戒区域线应设置“吊装重地,闲人莫入”等标志。

支架现浇:应设置“注意安全”“当心落物”“禁止停留”“必须戴安全帽”“必须系安全带”、支架验收牌、高处作业安全告知牌和架子工安全操作规程等标志。

临边处应挂设“注意安全”“当心坠落”“当心吊物”“禁止抛物”等标志。

吊篮现浇:施工吊篮醒目位置应设置“当心坠落　禁止抛物”等标志。

4.2.4.4　桥面系及附属工程

桥面系:桥面端头处应设置“当心坑洞”“当心坠落”“必须戴安全帽”“非施工车辆及人员禁止入内”等标志。防撞护栏施工吊篮上应设置“当心坠落”“禁止抛物”“必须系安全带”“必须戴安全帽”等标志。

伸缩缝:作业区前方适当位置应设置“前方施工”“减速慢行”或“道路封闭　禁止通行”等标志。

**4.2.5　隧道工程施工现场**

4.2.5.1　洞口工程

洞口开挖:洞口处应设置人员出入动态登记牌,长隧道和特长隧道洞口处一般应设置人员出入动态电子监控显示牌,并设置“进洞请登记”等标志;在洞口和洞内醒目位置设置限速标志;洞口开挖应设置“当心落物”“当心坍塌”“禁止停留”等标志;有冒顶危险的隧道应设置“当心冒顶”等标志,有瓦斯危险的隧道应设置“当心瓦斯”等标志;掌子面处应设置“当心落石”“当心坍塌”等标志;开挖遇到煤层等岩层,应设置“严禁烟火”等标志。

竖井和斜井:竖井周围应设置“注意安全”“当心坑洞”“当心坠落”等标志;井口龙门吊上应设置“禁止攀登”“禁止停留”等标志;井口处应设置“禁止料罐乘人”“进入井下作业,请正确佩戴安全防护用品”等标志;井口集水井处设置“水深危险　注意安全”等标志;斜井坡度大于10%时,必须设行人台阶及上下坡警示标志牌。

4.2.5.2　洞身开挖

爆破、钻孔作业区域应设置“洞内爆破　禁止进入”“当心落石”“必须戴安全帽”等标志。

台车上应设置轮廓标志、“当心坠落”“禁止抛物”“必须系安全带”“必须戴防尘口罩”等标志。

洞渣装卸作业处应设置“当心车辆　禁止停留”等标志。

粉尘污染的作业场所应设置“必须戴防尘口罩”等标志；测量人员洞内测量，前后应设置反光作业警示牌。

4.2.5.3　洞身衬砌

台车通道口两侧顶部应设置限高、限宽和限速等标志，台车上应设置“当心坠落”“禁止抛物”“必须系安全带”等标志。

# 5 安 全 防 护

安全防护按照受力特点分为隔离类、支承类和辅助类。隔离类，如孔洞盖板、围墙防护、张拉挡板防护、机械防护罩、气瓶防护、临时用电防护等；支承类，如防护栏杆、简易挂篮防护、爬梯防护、防落天棚、平台防护等；辅助类，如便道防护、便桥防护、栈桥防护等。

## 5.1 技术要求

### 5.1.1 隔离类

5.1.1.1 孔洞盖板

人工挖孔桩孔口、集水井口、桩基坑洞处等部位应设置防护盖板。

尺寸：尺寸应能满足孔洞大小，并均衡搁置盖住洞口。

材质与连接：边长 50cm 以下的孔洞，应使用竹、木等材料作盖板，并牢固固定；边长 50 ~ 150cm 的孔洞，应设置以扣件连接钢管制作成的 10cm × 10cm 的网格，并在其上满铺竹笆或脚手板，也可采用直径不小于 $\phi$1.6cm 的钢筋制作成的 5cm × 5cm 的网格覆盖。

其他：边长 150cm 以上的洞口，四周应设置防护栏杆，洞口下有人通行或作业，应设安全平网。

5.1.1.2 围墙防护

封闭式施工现场的施工区、驻地四周应设置围墙，结构形式有砖混结构、格栅结构、彩钢瓦结构、塑钢格栅结构等。

格栅结构：墙体高度不低于 1.8m，基础高度不低于 25cm。

砖混结构：墙体高度不低于 2.2m，基础高度不低于 25cm。

采用其他结构形式时，墙体高度不得低于 2.2m。

5.1.1.3 张拉挡板防护

尺寸：挡板高度应大于钢绞线张拉孔 50cm，挡板宽度应大于钢绞线张拉孔 50cm。

材质:应采用钢板、杉木板和高强度海绵等材料制作而成,钢板厚度不小于0.5cm,杉木板厚度不小于3cm,均应符合强度和稳定性的要求。

连接:采用螺栓将木板和高强度海绵固定在挡板内侧。

5.1.1.4　机械防护罩

尺寸:尺寸应满足能覆盖机械平面尺寸。

材质:防护罩应有足够的强度、刚度,一般应采用金属材料制造,表面应光滑、无毛刺和尖锐棱角。

连接:应尽量采用封闭结构的固定式防护罩,当需要采用网状结构时,其安全距离和网眼的开口宽度应符合《机械安全　防护装置　固定式和活动式防护装置设计与制造一般要求》(GB/T 8196—2003)。

其他:运动部件需经常进行调节和维护的,应优先采用联锁式防护罩。

5.1.1.5　气瓶防护

尺寸:应能覆盖气瓶,并能满足防雨、防晒等要求。

材质:氧气、乙炔瓶的输气管应配置气瓶夹箍,防止脱落;气瓶阀出口处必须配置专用的减压器,橡胶软管横穿道路时应有防压保护设施,瓶身配备两个防震圈。乙炔瓶在使用过程中应安装乙炔回火防止器。气瓶搬运车架可采用钢管或铁架等。

其他:搬运气瓶,应使用气瓶运载车。存放气瓶,应设置专用存放棚。储存时氧气、乙炔应分库存放。

5.1.1.6　临时用电防护

(1)隔离棚

尺寸:施工现场架空线路与施工机具、车辆及行人的间距均应不得小于安全距离。达不到最小安全距离应设置防护隔离棚。覆盖面宽度应超过架空线路两侧各75cm,长度应超过横跨的道路两侧各1m。

材质:立柱、横杆宜用毛竹、脚手架管搭设;棚面应采用木板、脚手板等绝缘材料,且满铺无缝隙,固定牢固。

其他:防护棚设有明显的限高警告标志。

(2)埋地防护

材质及尺寸:配电电缆采用埋地敷设时,敷设深度不应小于70cm,电缆紧邻上、下、左、右应铺以细砂，其厚度不得小于5cm，并应盖砖保护或面层硬化。

(3)电缆槽

材质：配电干线电缆不便直埋时，使用电缆槽沿墙角等处进行敷设，电缆槽宜用厚度为2.5cm木板制作。

(4)电缆护坎

材质：电缆穿越道路应埋设或敷设在坚固的护坎或保护管内。

户外用电：户外使用的用电设备必须搭设防雨棚。

### 5.1.2 支承类

#### 5.1.2.1 防护栏杆

施工现场内的作业区、作业平台、人行通道、桥面临边、基坑及泥浆池周边等施工场所，临边离基准面高差达到或超过2m，必须沿周边设置防护栏杆，防护栏杆应能承受任何方向1 000N以上的外力。

尺寸：防护栏杆由上下两道立柱组成，上杆离防护面高度不低于1.2m，下杆离防护面高度不低于60cm，栏杆立柱间距不得大于2m；横杆长度大于2m时，必须加设立柱，保证立柱间距不大于2m。

材质：防护栏杆可采用$\phi(4.8\sim5.1)\text{cm}\times0.35\text{cm}$的钢管制成，也可采用钢筋焊接制成，上下横杆钢筋直径应不小于$\phi$16mm，栏杆立柱钢筋直径应不小于$\phi$18mm；防护栏杆应刷红白漆相间警示色，红、白漆间距均为30cm；挡脚板应刷黄黑漆相间警示色，黄、黑漆间距均为30cm。

连接：防护栏杆可采用扣件连接、螺栓连接、焊接或其他可靠连接方式连接。栏杆横杆接长时，上下横杆接头应错开2m以上。立杆打入地面50~70cm，在混凝土面或墩柱等固定时，可用预埋件与钢管或钢筋栏杆柱焊接；在平台、通道、栈桥等处固定时，应与平台、通道、栈桥杆件焊接或绑扎牢固。

其他：当防护栏杆下方有人员通行或作业时，应设置高度不小于20cm的挡脚板，并挂密目安全网。

#### 5.1.2.2 吊篮防护

梁板中(端)横梁钢筋、模板施工时，应设置可靠吊篮。

尺寸：应满足受力计算及施工要求。

材质：吊篮两侧的底端槽钢上铺设5cm厚的杉木或松木板，满铺并绑扎牢固，或用不少于 $\phi$1.6cm 的钢筋焊接纵横向间距不小于 10cm 的钢筋网片，并绑扎牢固，临空面设防护栏杆。

桥梁防护栏杆钢筋安装、立模、拆模、护栏混凝土表面修饰及盖梁预应力张拉和封端施工，均应设置安全可靠的吊篮。

连接：吊篮主框架采用工字钢与槽钢整体焊接，作业吊篮整体采用角钢焊接。

其他：吊篮因设置作业人员上下专用通道及防护栏杆，框架底座分别采用混凝土块作为配重。

5.1.2.3 爬梯防护

(1)钢立梯

材质：梯梁宜采用不小于∟50×50 角钢或不小于 $\phi$3cm 的钢管；踏棍宜采用不小于 $\phi$2cm 的圆钢，间距宜为 3cm 等距离分布。

尺寸：梯与建筑物或设备之间的净距离不得小于 15cm。梯段高度超过 5m，后侧临空面应设置与用途相适应的护笼。超长梯每隔 0.8cm 应设置梯间平台；梯宽度不宜小于 60cm。

其他：梯焊接、安装应牢固可靠；梯子的上端要加设固定装置。

(2)钢管式斜梯

材质：采用 $\phi$(4.8~5.1)cm×0.35cm 的钢管搭设，依托支架在支架内侧或外侧同步搭设“之”字形的转向梯道。

尺寸：宽度不小于 1m，坡度以 1∶1 为宜，按每 3m 的高度作一个平台转向；平台宽度不低于梯宽，栏杆扶手或挡脚杆(板)均搭设在外立杆的内侧；防护栏杆、挡脚板设置应符合 5.1.2.1 条规定。梯道的立杆、横杆间距应与脚手架相适应，基础按脚手架要求处理，立面设剪刀撑，人行斜道小横杆间距不超过 1.5m。

其他：梯道台阶上满铺脚手板，梯道面使用竹、木脚手架片，并横向铺设和用铁丝固定，禁止使用竹胶板铺设梯道。木脚手板要在板上钉防滑条，防滑条间距不大于 30cm。

(3)钢爬梯

材质及尺寸：梯梁采用工字钢或槽钢，截面尺寸应通过计算确定，宽度不小于 60cm，踏脚板应采用三根不小于 $\phi$2cm 的钢筋与小角钢或 2.5cm×0.4cm 扁

钢与小角钢组焊成的格子板或花纹钢板，踏脚板的宽度为 20cm，踏脚板间距宜为 30cm 等距离分布，边缘扶手栏杆高不应小于 1m，扶手立柱间距不宜大于 2m，均采用外径不小于 3cm、壁厚不小于 0.2cm 的管材。

(4)装配式斜梯

材质及尺寸：每节梯道规格为 3m(长)×2m(宽)×4m(高)，框架采用 14cm×30cm 钢管焊接而成，支撑杆件采用 0.5cm×0.5cmB 型角钢焊接；梯宽度不小于 90cm，并设梯间转角平台；踏脚板应采用厚度不小于 0.4cm 的花纹钢板焊成，踏脚板的宽度为 30cm，踏脚板间距宜为 30cm 等距离分布；边缘扶手栏杆高不应小于 90cm，扶手立柱间距不宜大于 2m，均采用外径不小于 3cm、壁厚不小于 0.2cm 的管材；栏杆下边设置高度不小于 20cm 的踢脚板。

连接：基础应用 C25 混凝土浇筑，并设预埋钢板，与立梯底部用螺栓连接或焊接牢固。梯道焊接、安装应牢固可靠，应与桥面、作业平台、立柱或支架进行牢固可靠的连接；高度 12m 处设置缆风绳 1 道(包括前后左右 4 根)，拉结于框架预留钢环上。

(5)木梯与竹梯

尺寸：长度不宜超过 3m，宽度不宜小于 50cm，梯梁截面尺寸不得小于 5cm×8cm，圆木梢径不得小于 8cm，踏棍间距不宜大于 30cm；底脚应坚实，并且应采取加包扎或钉胶皮等防滑措施；梯子不准垫高使用，以防止受荷后发生不均匀下沉或脚与垫物之间松脱，安放立梯工作角度以 70°±5°为宜，应固定稳固。

(6)人字梯

尺寸：应满足受力及施工要求。

材质：可采用铝合金、实木等材料制作，上部尖角以 35°~45°为宜，铰接必须牢固。

其他：底脚应采取加包扎或钉胶皮等防滑措施。只允许一人操作，操作者不准站在梯子上移动梯子或站在最顶部作业。

(7)施工电梯

尺寸：应满足受力计算及施工要求。

材质：根据受力计算选择具有相应刚度和强度的材料。

其他：地面卸料口应按要求搭设防护棚，地面围栏高度应大于 1.8m；卸料口与电梯笼之间的间距应小于5cm；必须安装呼叫器、上下限位、重量传感器、防断绳限位、缓冲弹簧防护门和门机械连锁装置等，使用过程中必须定期检查，确保灵敏安全可靠；安装安全防护门的开关插销，设计在外面一侧，从里面一侧无法开关。

#### 5.1.2.4　防落天棚

(1)防落天棚

在跨通行道路施工上方应设置防落天棚。

材质及尺寸：防落天棚应采用$\phi(4.8\sim5.1)\text{cm}\times0.35\text{cm}$钢管扣件脚手架或其他型钢材料搭设，棚顶可采用满覆盖竹脚手架片或木板后，再覆盖一层密目式安全网，侧面设一定高度的密目式安全网。采用型钢材料的，需经专门设计和受力验算，应满足承重、防雨要求，高度应大于5m以上，并符合安全通行要求。长度应超过支架等上部设施的两侧，并按防高处落物半径确定；宽度以不减少道路原通行路面的宽度及防高处落物半径为底限确定。

其他：在天棚的通行口前后，设置限定车辆通过高度的门框架，框架周边贴反光膜；同时设置必要的交通标志及设施；通道较长时，在通道内设置必要的照明设施。

(2)通道防护棚

材质：防护棚应采用$\phi(4.8\sim5.1)\text{cm}\times0.35\text{cm}$钢管扣件脚手架或其他型钢材料搭设，严禁采用竹木杆件搭设；顶部严密铺设双层正交竹串片脚手板或双层正交5cm厚木模板及封闭的防护立网或挡板。

尺寸：净空高度和宽度应根据通道所处位置及人、车通行要求确定，高度一般不低于3.5m，宽度一般不小于3m；宽度超过3.5m或高度超过4m的防护棚，立杆间距应加密或使用双立杆、型钢、脚手架管格构式立柱，纵向横杆应采用型钢制作或搭设承重脚手架。

连接：立杆基础须作硬化处理，立杆必须沿通行方向设置扫地杆和剪刀撑。立杆纵距不应超过1.2m，防护棚悬挑尺寸为30~50cm。

其他：防护棚两侧边应设置隔离栏杆，引导行人从安全通道内通过，必要时满挂密目网封闭。

#### 5.1.2.5　平台防护

应按照施工实际及规范要求经受力验算，符合强度、刚度、稳定性的要求，挂牌标明控制荷载和承载人数，使用过程中严禁超过容许荷载。

(1)可移动的平台防护

材质及尺寸:可采用 $\phi(4.8\sim5.1)$cm × 0.35cm 钢管以扣件连接,亦可采用门式架或承插式钢管脚手架部件,按产品使用要求进行组装;平台的次梁,间距不应大于 40cm;台面应铺满 3cm 厚的木板或竹笆或钢脚手板,四周必须设置防护栏杆,设登高梯道。

(2)高处作业的平台防护

材质及尺寸:采用钢管搭设,作业层脚手板应铺满、铺稳,不得有探头板,周边及进出平台的通道应设防护栏杆、挡脚板;在防护栏杆外侧,布设密目式安全网封闭;临空面平台应进行全封闭防护,并应备有系安全带或绳索的结点;平台可设置出入门。

(3)水上作业的平台防护

材质及尺寸:应根据桥位处水文、地质、气候条件和施工荷载进行专项设计,高出最高水位(包括浪高)1.5m 以上,设置防撞设施,配备防火、救生等安全设施。平台四周应设置防护栏杆,可设置出入门;在防护栏内侧悬挂救生圈,每 10m 间距布置 1 个,满铺脚手板;四周应设置夜光型安全警示红灯,单边超过 10m 的每隔 10m 布置一盏,小于 10m,不少于 1 盏,并设置昼夜警示标志,按要求配备灭火器。

(4)通道防护

材质及尺寸:通道搭板应采用钢板,两端搭接长度不小于 20cm,通道两侧应设置牢固防护栏杆、密目式安全网。

(5)跳板

材质:跳板应选择剥皮杉木或其他坚韧的木材,应经专门设计和受力验算,强度和刚度应满足使用要求。

尺寸:跳板一般宽度宜为 50 ~ 60cm,宽度不够时,用扁铁抱箍拼接,但拼缝间隙应小于 0.5cm。长度不大于 3m 时,应设置厚度不小于 7.5cm 的方木搭设的跳板;长度大于 3m 时,跳板应用角钢加固。

其他:水上临时人行跳板应设置防护栏杆。

### 5.1.3 辅助类

#### 5.1.3.1 便道防护

施工便道的转角、视线不良地段应设置广角球面镜;临水、临崖的,应设置水泥隔离墩或防护栏杆,并刷红白漆相间警示色;跨越(临近)道路施工及站(区)、办公区、生活区的,拐弯处应设置防撞柱、防撞墩等。

5.1.3.2　便桥防护

桥面边缘处应设置安全防护栏杆,并刷红白漆相间警示色,出入口应设置减速带。

临水、临崖的,出入口应设置水泥隔离墩,并刷红白漆相间警示色。

5.1.3.3　栈桥防护

材质及尺寸:两侧应设置防护栏杆,立柱间距150cm,可采用$\phi$48cm×120cm钢管焊接在横梁上,并刷红白漆相间警示色;钢板桥面可每间隔20cm设置$\phi$10光圆钢筋防滑条;栈桥上每100m设置一只灭火器,每50m设置一个救生圈和救生绳,每300m设置一个高音喇叭,每300m安装一个监控器。

其他:通航的,栈桥上下游侧应设置防撞桩,在每墩位处设置可装拆式防护栏杆和人员上下梯道。

## 5.2　设置要求

### 5.2.1　通用作业

5.2.1.1　高处作业

必须设置防护栏杆、挡脚板、立网和登高施工人员上下梯道。3m以下可采用移动式梯子,超过3m应采用固定式梯子;20m以下的,选用斜梯、立梯、爬梯或可靠锚固的带护圈人行爬梯;20~40m以下的,设置"之"字人行梯道;40m以上的,安装附着式电梯。

立体交叉作业的,应搭设防护棚或隔离设施,存在坠落物件或处于起重臂回转范围内的,必须搭设顶部能防止穿透的防护棚。

跨越公路、铁路行车线、居民区、架空电线路的,必须设置防护棚或可靠防护设施。

5.2.1.2　涉水作业

应设置安全作业区,警戒区,救护、消防等设施。

施工船只,应设置防滑设施,配备救生设备、消防设备、跳板和安全网。

潜水作业,必须设信号绳、水下电话和供气管线,当水深超过30m时,必须备有减压舱等设备。

通风式重装潜水的,必须使用专用潜水爬梯,挂设爬梯的悬臂杠应满足强度和刚度要求,并与潜水船、爬梯连接牢固。

5.2.1.3 涉爆作业

安全距离以外,设置安全围挡,配备有效的警报器和通信器材,在作业危险区边界出入口处设立警戒岗哨。

爆破器材在现场分药时,宜设在爆破现场警戒区内,如另设分药点,应设置警示围栏。

爆破作业对影响范围内的既有建(构)筑物和设施,以及不能撤离的施工机具等应有可靠的防护设施。

5.2.1.4 机械设备作业

(1)预应力张拉作业

张拉区两端应设置防护栏杆和防护挡板;高处张拉的,应搭设支架工作平台或采用移动式吊篮,平台应设防护栏杆。雨天张拉,应搭设防雨棚。

(2)焊切割作业

施工人员应穿戴电焊服、绝缘鞋、防护面罩、防护眼镜、手套等劳动保护用品,衣着不得敞领卷袖。焊接与切割应采取防止触电、爆炸和金属飞溅引起火灾的防护措施,防止灼伤。电焊机户外使用应设置防雨防晒棚,交流电焊机应安装二次空载降压保护器。

(3)高处作业

下方应设置可靠的隔离、防护安全设施;在狭小或潮湿地点施焊的,应垫以木板或采取其他防止触电措施;容器内焊接作业的,必须设置通风、绝缘、照明装置。当焊、割作业无法达到要求而必须作业时,应采用浇湿、隔离等安全设施。

起重吊装作业:起重吊装临边作业时,应采取可靠的安全防护措施,吊装现场应划定警戒区,拉设警戒线,可采用警戒带、警戒绳、三角彩旗、锥形交通路标和警戒组合而成。

千斤顶高处顶升作业的,应有防其坠落的设施。

(4)拌和作业

应设置围墙防护,根据实际选用格栅、砖混等其他结构。蓄水池、积水井边缘、沥青储罐处应设防护栏杆。有坡道上料区两侧应设置防撞墩。

水泥、沥青储存罐应设置有效的避雷装置。防雷设施要有产品合格证书，并由专业部门安装，并组织验收合格后，方可使用。避雷装置应在雷雨季前进行全面检查，并进行接地电阻测定。

### 5.2.2 路基工程施工现场

5.2.2.1 路基开挖

施工现场的沟、坑、水塘，在距坑塘边缘约1m处，应设置安全防护栏杆。

石方开挖等特殊路段施工应设防危石设施，山体落石较小时采用普通落石阻拦网，置于落石滚落路径的下方适当位置；山体落石较大时采用加强型排架阻拦网，样式同普通落石阻拦网，所用材料有所加强，置于落石滚落路径的下方适当位置；风化较严重的山体坡面采用柔性防护网，对风化坡面防护直接用锚钉挂于坡面。

居民区附件的开挖，应根据实际需要设置隔离设施、临时便道或便桥。

5.2.2.2 路基填筑

土石方运输车辆在陡坡、高坡、填方边坡处卸料时，与边缘必须保持安全距离。同时现场应设专人指挥，指挥人员应穿反光背心。

滑坡、深坑、沉陷等危险区域应设置防护栏杆或隔离带。弃渣场、出料口的临空边缘应设置防护墩，宜用土石堆体、砌石或混凝土浇筑。

5.2.2.3 防护工程

根据施工实际设置施工人员上下爬梯或跳板，跳板应坚固，并设防滑条。

高处或高边坡坡面上从事砌筑、撬石、运料等作业的，必须搭设脚手架作业平台并设防护网防护。

勾缝作业的，应设置吊篮，吊篮临边侧应设置防护栏杆和安全网。

喷射砂浆防护作业的，应设定警戒线，搭设脚手架和作业平台，临边设防护栏杆。

### 5.2.3 路面工程施工现场

5.2.3.1 结构层施工

作业区两端应设置防护栏杆；单幅施工完成后应设置路栏或水马；半幅施工区与行车道之间应设交通路锥；混凝土养护作业面上的所有沟、坑、洞应设置防护栏杆及警示标志。

摊铺设备暂时停放的,周围必须设置水马或隔离设施封闭。

施工路段与村庄毗邻的,应设置防护栏杆。

5.2.3.2　交通管制

现场人员必须穿戴具备反光或部分反光性能的安全服和安全帽。

平交路口应采用水马进行隔离,在交叉路口施工时应安排专人进行交通疏导。

现场作业车辆、机械作业必须符合当地主管部门的规定,配备作业警示灯。

### 5.2.4　桥梁工程施工现场

5.2.4.1　基础工程

(1)挖孔桩

上下井孔时,必须采用爬梯,每个作业点应配备应急软梯。距孔底2m处设置半圆形防护挡板。孔口围圈应高出地面30cm以上,并设防护栏杆。暂停施工作业及成孔的,孔口必须用孔口盖板封闭。爆破作业的,孔口应加防护盖,上堆砂袋,以防止石渣飞出。

(2)钻孔桩

已埋设护筒未开钻或已成桩护筒尚未拔除的,应加设护筒顶盖或铺设钢筋网片,或设置孔口安全防护栏杆。泥浆池周边应设置防护围栏;进入泥浆池内部作业,须设专用通道,通道应支撑牢固,两侧采用栏杆和密目式安全网封闭。水上钻孔桩作业平台四周及栈桥通道两侧边缘处必须设置防护栏杆,防护栏杆内侧设置安全网。

(3)围堰

四周应按要求设置防护围栏,基坑应设置人员上下钢梯。套箱围堰两船之间的,通道及连接梁上应铺设人行道板和栏杆。

(4)基坑

深度超过2m的,基坑应在坑顶周边设置封闭的防护栏杆,防护栏杆应设立在距离基坑边坡1m处,挂密目式安全立网,并设人员上下专用通道。

5.2.4.2　下部结构

(1)墩台

根据施工实际和桥墩高度,选用施工人员上下登高设施和塔吊等提升设备。搭设脚手架和高处作业平台,应设置临边、墩顶防护栏杆,满铺脚手板。爬梯、斜道两侧应设置扶手栏杆、满铺设木板，并在栏杆内侧张挂密目式安全网。靠近道路的，应设置安全通道或防护棚。上下交叉作业的，应在作业层下方设置安全平网兜底。墩身钢筋骨架绑扎安装后，未浇筑混凝土部分超过8m或立柱模板超过8m的，浇筑完成前必须设置缆风绳。

(2)盖梁

作业平台临边应设置防护栏杆。根据施工实际，搭设人员上下梯道。盖梁端头张拉的，应设置张拉作业平台。涉及交通通道的，必须在交通通道上方设置有效的防护隔离。

5.2.4.3 上部结构

(1)预制场

场地四周与外界设置围墙。拌和机作业平台、蓄水池、积水井边缘设防护栏杆。轨道两端设置行程开关、缓冲及限位装置。门机电缆固定点应采用局部热缩管加厚保护。天车使用电缆滑索的，电缆与金属骨架接触处应采用护套包裹。施工人员上下预制梁应设置爬梯。龙门架、拌和楼应设置避雷设施及接地保护。

(2)移梁与存放

吊装钢丝绳与梁体接触处应设橡胶衬垫。梁存放时应支垫牢固，不得偏斜，防止梁体倾覆，堆放高度不超过两层。双层存放的，上下层梁的支垫位置应在同一垂直面上。存放T梁的，应用方木支撑到位，斜撑应设于翼板根部，不能撑于翼板外缘，或使用特制的钢支撑架。

(3)运输

预制梁两端应支撑牢固，用钢丝绳或手拉葫芦绑紧固定，并设置斜撑；T梁跨装两个平板时，必须安装运梁转向架；T梁的运输，除横向加斜撑防倾覆以外，运梁车上的搁置点必须设有转盘。

(4)架设

架设地面现场应划定警戒区。架梁作业，施工人员行走的“天桥”，应设置临边、防空防护栏杆。墩台顶移梁时应在梁两端采取可靠支撑措施，梁面应有3t以上的手拉葫芦作安全保护。梁体两端就位落梁后，及时用临时支架撑好梁体两侧，防止梁体侧倾。下坡道架梁的，运梁车应有可靠的防溜措施，架桥机后方安装脱轨器。架桥机暂停使用的，行走轨道轮处应采用木楔固定，遇台风、大雪

等恶劣天气，架桥机还应采用缆风绳固定。

(5)支架现浇

桥面临边应设置防护栏杆，栏杆应随现浇段同步延伸设置，内侧挂密目式安全网，外侧挂防落物网。根据施工实际和现浇梁高度，选用施工人员上下登高设施和塔吊等提升设备。

现浇箱梁顶板预留洞口应设防护盖板，当预留孔洞作为专用通道口时，应设置上下爬梯，孔口应设置防护栏杆。

跨越道路施工的，要在支架中设行车通道的，行车道两旁的支架要设置防撞设施，两头要有专人指挥交通。通道顶部要设置一层隔离设施，侧面挂设安全防护屏，使施工材料、机具不能落到行车道上。

(6)挂篮现浇

桥面临边应设置防护栏杆，栏杆应随悬浇段同步延伸设置，内侧挂密目式安全网，外侧挂防落物网。根据施工实际和悬臂梁高度，选用施工人员上下登高设施和塔吊等提升设备。

零号块施工，以斜拉托架或钢管支撑架做施工平台的，在平台边缘处，应设置安全防护栏杆，挂设密目式安全网，两侧墩身平台之间应设置人行通道。

挂篮在拼装及悬臂组装作业时，应设置安全网，满铺脚手板，设置防护栏杆。挂篮就位固定后，挂篮前端部及主桁架纵梁两侧应设置临边防护栏杆，并挂设密目安全网。

拆除临时支座，应设置环墩工作平台及安全爬梯。

跨通行道路的，必须搭设防落天棚。

跨通航河道的，施工挂篮底部四周应设置挡板，并用防坠网进行围护。

#### 5.2.4.4 桥面系及附属工程

(1)桥面系

施工区域与外界应采取隔离措施，可采用隔离栅栏或围栏进行封闭并派人看守。根据施工实际和桥面高度，选用施工人员上下登高设施；桥面铺设前，两侧应设防护栏杆。

跨越桥面梁板中分带临空处，应设置专用人行通道。

端(中)横梁施工时，临边应设置防护栏杆。

梁板间隙(湿接缝)位置处应满铺脚手板,脚手板可采用毛竹片或木板。桥面各类洞口与坑槽处,应设置防护栏杆或盖板,夜间应红灯警示。

跨通行道路施工,桥下严禁人员、车辆及施工设备停留或通过,在中分带上方设置临空防护设施,确需通过的应在桥下设防落天棚。

盖梁预应力张拉和封端施工,应使用安全可靠的吊篮。

防撞护栏混凝土表面修饰施工,应使用安全可靠的吊篮。

防撞护栏钢筋安装、立模、拆模施工,应使用安全可靠的吊篮。

搭板施工区应设置隔离设施或围护,离搭板施工前后 20m 应设置路障。

(2)伸缩缝

作业区两端应设置路栏。

单幅封闭施工的,在桥面两端应设置移动铁栅栏。

间断不封闭施工的,两端开口部应设置路栏或水马及防撞设施。

### 5.2.5 隧道工程施工现场

#### 5.2.5.1 一般防护设施

洞口场地应设置围墙或围栏。洞外卸渣场在堆渣边缘应设阻滑挡木。

洞内一侧应设置宽度不小于 0.7m 的安全通道。

隧道内从洞口向洞内延伸每隔 100m 设置一组灭火器,每组为 2 个。

施工脚手架和作业台车,应设置人员上下爬梯,临边设置防护栏杆或装配式防护栏杆,配备 4 组消防灭火器,每组 2 个;下方行车通道应满足洞内通车要求,内轮廓应设置连串式警示灯;台架上用电设备应配置防雨罩和绝缘保护装置。

#### 5.2.5.2 洞口工程

(1)洞口开挖

洞口应设专人值班室和栏杆,宜采用智能道闸一体机。洞口开挖区域周围应设置安全围栏、防护网和人员上下梯道。

处于陡峭、高边坡的,洞口应增设安全棚、安全栅栏或安全网,危险段应采取加固措施。

当出洞口下方为通车道路时,应设警戒围栏及防落天棚。

反坡排水集水井周边设置安全防护栏杆,并悬挂密目式安全立网。

(2)竖井

井口平台应比地面至少高出0.5m,井口应设有严密的井盖,设防雨设施,轨道应设阻车器,井架天轮棚必须安装避雷针,井架脚必须安装接地线。

采用罐笼升降人员与物料的,罐笼顶应设置可打开的铁盖或铁门;罐底必须满铺钢板,并不得有孔;罐底下面有阻车器的连杆装置时,必须设牢固的检查门;两侧用钢板挡严,内装扶手,靠近罐道部分不得装带孔钢板;进出口两头必须装设罐门或罐门帘,高度不得小于1.2m,罐门或罐帘下部距罐底距离不得超过0.25m,罐帘横杆的间距不得大于0.2m。罐门不得向外开;进出装渣车的罐笼内必须装有阻车器。

采用吊桶升降人员与物料的,吊桶上方必须设置保护伞;用自动翻转式吊桶升降人员时,必须有防止吊桶翻转的安全装置。

检修井筒的,人员站在罐笼或箕斗顶上工作时应佩带保险带,罐笼或箕斗顶上,必须装设保护伞和栏杆。

(3)斜井

应设人行梯步供进出施工人员行走,与运输轨道的安全距离不小于2.5m,人行梯步设置防护栏杆,每间隔50~100m设置一处休息平台。作业平台必须配有制动装置。提升装置必须配置防止过卷装置、防止过速装置、限速器、过负荷、欠电压保护、松绳信号、报警和自动断电等保护装置。

有轨运输的,井口必须设置挡车器;斜长度超过100m时,应在井口以下20m和接近井底60m处设置第二道挡车器;长大斜井应每隔100m和接近井底时在轨道上设置防溜车装置;斜井有轨运输时井身每隔30~50m应设置躲避洞。运送人员的,车辆应有顶,必须装有可靠的防坠器、保险链。

无轨运输的,洞外距离口一定位置应设限高设施,洞内各种作业平台必须满足最小行车限界要求;洞内的集水坑、变压器紧急避险处,应设置防撞隔离栏和闪光红灯警示标;洞内通道一侧每隔一定距离,应设置一处防撞安全岛,安全岛内设有废轮胎防撞墙,作为车辆制动失灵时的安全应对措施。

坡度大于10%的,必须设行人台阶。

5.2.5.3 洞身开挖

Ⅵ级、Ⅴ级围岩地段二次衬砌与掌子面之间设置可手动拆卸的逃生钢管,仰拱施工地段采用法兰盘连接。

有轨运输的,在线路尽头应设置挡车装置,以及足够宽的卸车平台。

在围岩地质复杂地段,应对凿岩台车重要部位采取加固措施和设置特殊的防护装置。

5.2.5.4 洞身衬砌

衬砌台车应按规定设置防溜车装置,液压支撑应有锁定装置。

# 参 考 文 献

[1]中华人民共和国行业标准. JTJ 076—95　公路工程施工安全技术规程[S]. 北京:人民交通出版社,1995.

[2]中华人民共和国行业标准. JTS 205-1—2008　水运工程施工安全防护技术规范[S]. 北京:人民交通出版社,2008.

[3]中华人民共和国行业标准. JTG F10—2006　公路路基施工技术规范[S]. 北京:人民交通出版社,2006.

[4]中华人民共和国行业标准. JTJ 034—2000　公路路面基层施工技术规范[S]. 北京:人民交通出版社,2000.

[5]中华人民共和国行业标准. JTG F40—2004　公路沥青路面施工技术规范[S]. 北京:人民交通出版社,2004.

[6]中华人民共和国行业标准. JTG/T F50—2011　公路桥涵施工技术规范[S]. 北京:人民交通出版社,2011.

[7]中华人民共和国行业标准. JTG F60—2009　公路隧道施工技术规范[S]. 北京:人民交通出版社,2009.

[8]中华人民共和国行业标准. JTG/T F60—2009　公路隧道施工技术细则[S]. 北京:人民交通出版社,2009.

[9]福建省高速公路建设总指挥部. 福建省高速公路施工标准化管理指南　工地建设[M]. 北京:人民交通出版社,2010.

# 附　录

# 附录 A　公路工程施工现场常用安全标志

## A.1　常用安全标志及其设置要求

### A.1.1　禁止标志(附表 A-1)

禁止标志及其设置要求　　附表 A-1

| 编号 | 图形 | 名称 | 制作要求 | 安装要求 | 设置范围及部位 |
| --- | --- | --- | --- | --- | --- |
| 禁 1 | | 禁止吸烟 | 尺寸为 300×400 (mm) | 悬挂或粘贴 | 有甲、乙、丙类火灾危险物质的场所和禁止吸烟的公共场所等,如木工车间、油库、危化品仓库等 |
| 禁 2 | | 禁止烟火 | 尺寸为 300×400 (mm) | 悬挂或粘贴 | 有乙类火灾危险物质的场所,如氧气乙炔存放处,油库、油罐所在处,木工加工区,及其他易燃易爆场所 |
| 禁 3 | | 禁止带火种 | 尺寸为 300×400 (mm) | 悬挂或粘贴 | 有甲类火灾危险物质及其他禁止带火种的各种危险场所,如乙炔、油库、瓦斯隧道、林区等 |
| 禁 4 | | 禁止放易燃物 | 尺寸为 300×400 (mm) | 悬挂或粘贴 | 具有明火设备及高温的作业场所,如电焊、切割作业的动火场所 |
| 禁 5 | | 禁止启动 | 尺寸为 300×400 (mm) | 悬挂或粘贴 | 暂停使用的设备附近,如设备检修、更换零件时等 |

续上表

| 编号 | 图形 | 名称 | 制作要求 | 安装要求 | 设置范围及部位 |
|---|---|---|---|---|---|
| 禁 6 |  | 禁止合闸 | 尺寸为<br>300×400<br>(mm) | 悬挂<br>或粘贴 | 设备或线路检修时，相应开关附近 |
| 禁 7 |  | 禁止触摸 | 尺寸为<br>300×400<br>(mm) | 悬挂<br>或粘贴 | 禁止触摸的设备或物体附近，如裸露的带电体，炽热物体，具有毒性、腐蚀性物体等处 |
| 禁 8 |  | 禁止跨越 | 尺寸为<br>300×400<br>(mm) | 悬挂<br>或粘贴 | 禁止跨越的危险地段，如专用的运输通道、带式输送机及作业现场的沟、坎、坑等危险区域 |
| 禁 9 |  | 禁止攀登 | 尺寸为<br>300×400<br>(mm) | 悬挂<br>或粘贴 | 不允许攀爬的危险地点，如有坍塌危险的建筑物、构筑物、电杆、拌和楼、门吊处 |
| 禁 10 |  | 禁止跳下 | 尺寸为<br>300×400<br>(mm) | 悬挂<br>或粘贴 | 不允许跳下的危险地点，如深沟、深池及盛装过有毒物质、易产生窒息气体的槽车、储罐等危险区域 |
| 禁 11 |  | 禁止入内 | 尺寸为<br>300×400<br>(mm) | 悬挂<br>或粘贴 | 易造成事故或对人员有伤害的场所，如配电房、炸药库、油库、基坑、泥浆池、挖孔桩、各种污染源等入口处等 |

续上表

| 编号 | 图形 | 名称 | 制作要求 | 安装要求 | 设置范围及部位 |
| --- | --- | --- | --- | --- | --- |
| 禁 12 | | 禁止靠近 | 尺寸为<br>300×400<br>（mm） | 悬挂<br>或粘贴 | 不允许靠近的危险区域，如高压试验区、高压线、输变电设备的附近 |
| 禁 13 | | 禁止堆放 | 尺寸为<br>300×400<br>（mm） | 悬挂<br>或粘贴 | 消防器材存放处，消防通道、主通道、作业平台等 |
| 禁 14 | | 禁止抛物 | 尺寸为<br>300×400<br>（mm） | 悬挂<br>或粘贴 | 抛物易伤人的地点，如深沟（坑）以及其他高处悬空作业的场所等 |
| 禁 15 | | 禁止酒后上岗 | 尺寸为<br>300×400<br>（mm） | 悬挂<br>或粘贴 | 施工现场入口处、高处作业、临边或悬空作业场所 |
| 禁 16 | | 限速 5km | 执行《道路交通标志和标线》（GB 5768）要求 | 悬挂<br>或粘贴 | 场内道路、隧道口设置 5km 限速牌 |
| 禁 17 | | 禁止停留 | 尺寸为<br>300×400<br>（mm） | 悬挂<br>或粘贴 | 对人员有直接危害的场所，如吊装作业区、输送带下方、钢筋拉伸、张拉作业区、危险路口、桥口等处 |

续上表

| 编号 | 图形 | 名称 | 制作要求 | 安装要求 | 设置范围及部位 |
|---|---|---|---|---|---|
| 禁 18 | | 禁止翻越 | 尺寸为<br>300×400<br>（mm） | 悬挂<br>或粘贴 | 禁止翻越的危险地段 |
| 禁 19 | 禁止掉落焊花 | 禁止掉落<br>焊花 | 尺寸为<br>400×300<br>（mm）<br>白底红字 | 悬挂<br>或粘贴 | 跨越通航河道、铁路、公路、村道等施焊场所 |
| 禁 20 | 禁止翻越<br>防护栏 | 禁止翻越<br>防护栏 | 尺寸为<br>400×300<br>（mm）<br>白底红字 | 悬挂<br>或粘贴 | 临近的防护栏 |
| 禁 21 | 施工重地<br>闲人免进 | 施工重地<br>闲人免进 | 尺寸为<br>400×300<br>（mm）<br>白底红字 | 悬挂<br>或粘贴 | 拌和场、加工场、制梁场、现浇梁、隧道口等现场出入口、重点部位 |
| 禁 22 | 机房重地<br>闲人免进 | 机房重地<br>闲人免进 | 尺寸为<br>400×300<br>（mm）<br>白底红字 | 悬挂<br>或粘贴 | 拌和场、加工场、制梁场的控制室和发电机房、抽水机房 |
| 禁 23 | 禁止倾到垃圾 | 禁止倾到<br>垃圾 | 尺寸为<br>400×300<br>（mm）<br>白底红字 | 悬挂<br>或粘贴 | 水上施工场所 |

续上表

| 编号 | 图形 | 名称 | 制作要求 | 安装要求 | 设置范围及部位 |
| --- | --- | --- | --- | --- | --- |
| 禁 24 | 锅炉重地<br>闲人免进 | 锅炉重地<br>闲人免进 | 尺寸为<br>400×300<br>(mm)<br>白底红字 | 悬挂<br>或粘贴 | 锅炉房入口处 |
| 禁 25 | 吊装重地<br>闲人莫入 | 吊装重地<br>闲人莫入 | 尺寸为<br>400×300<br>(mm)<br>白底红字 | 悬挂<br>或粘贴 | 起重作业区 |
| 禁 26 | 非 电 工<br>禁止入内 | 非电工<br>禁止入内 | 尺寸为<br>400×300<br>(mm)<br>白底红字 | 悬挂<br>或粘贴 | 配电室入口 |
| 禁 27 | 非施工车辆<br>禁止入内 | 非施工车辆<br>禁止入内 | 尺寸为<br>400×300<br>(mm)<br>白底红字 | 悬挂<br>或粘贴 | 拌和场、加工场、制梁场、现浇梁、隧道口等现场出入口、重点部位 |
| 禁 28 | 爆破区域<br>严禁进入 | 爆破区域<br>严禁进入 | 尺寸为<br>400×300<br>(mm)<br>白底红字 | 悬挂<br>或粘贴 | 爆破区域 |
| 禁 29 | 洞内爆破<br>禁止进入 | 洞内爆破<br>禁止进入 | 尺寸为<br>400×300<br>(mm)<br>白底红字 | 悬挂<br>或粘贴 | 隧道出入口 |

续上表

| 编号 | 图形 | 名称 | 制作要求 | 安装要求 | 设置范围及部位 |
|---|---|---|---|---|---|
| 禁30 | 禁止暴晒 | 禁止暴晒 | 尺寸为 400×300（mm）白底红字 | 悬挂或粘贴 | 使用氧气、乙炔等易燃易爆物品处所 |
| 禁31 | 消防器材严禁挪用 | 消防器材严禁挪用 | 尺寸为 400×300（mm）白底红字 | 悬挂或粘贴 | 消防器材区 |
| 禁32 | 严禁超高 | 严禁超高 | 尺寸为 400×300（mm）白底红字 | 悬挂或粘贴 | 存梁区 |
| 禁33 | 吊臂下方严禁站人 | 吊臂下方严禁站人 | 尺寸为 400×300（mm）白底红字 | 悬挂或粘贴 | 起重作业区 |
| 禁34 | 禁止料罐乘人 | 禁止料罐乘人 | 尺寸为 400×300（mm）白底红字 | 悬挂或粘贴 | 井口入口处 |
| 禁35 | 仓库重地闲人莫入 | 仓库重地闲人莫入 | 尺寸为 400×300（mm）白底红字 | 悬挂或粘贴 | 仓库入口处 |

### A.1.2 警告标志(附表 A-2)

**警告标志及其设置要求** 附表 A-2

| 编号 | 图形 | 名称 | 制作要求 | 安装要求 | 设置范围及部位 |
|---|---|---|---|---|---|
| 警 1 | | 注意安全 | 尺寸为 300×400 (mm) | 悬挂或粘贴 | 易发生人员伤害的场所及设备等处。如基坑、泥浆池、边坡、吊装区、用电设备等处 |
| 警 2 | | 当心火灾 | 尺寸为 300×400 (mm) | 悬挂或粘贴 | 易发生火灾危险的场所,如油库、油罐、木工车间、修理车间、仓库等防火区内 |
| 警 3 | | 当心爆炸 | 尺寸为 300×400 (mm) | 悬挂或粘贴 | 易发生爆炸的危险部位,如锅炉房、乙炔氧气瓶、压力容器、火工品库房等地点 |
| 警 4 | | 当心腐蚀 | 尺寸为 300×400 (mm) | 悬挂或粘贴 | 有腐蚀性物质[《危险货物品名表》(GB 12268—2005)中第 8 类所规定的物质]的作业地点 |
| 警 5 | | 当心中毒 | 尺寸为 300×400 (mm) | 悬挂或粘贴 | 有潜在中毒危险的挖孔桩、隧道以及密闭空间的焊接作业场所 |
| 警 6 | | 当心触电 | 尺寸为 300×400 (mm) | 悬挂或粘贴 | 有可能发生触电危险的电器设备和线路,如配电箱(柜)、发电机、变压器、开关箱、用电设备处 |

续上表

| 编号 | 图形 | 名称 | 制作要求 | 安装要求 | 设置范围及部位 |
|---|---|---|---|---|---|
| 警 7 | | 当心电缆 | 尺寸为<br>300×400<br>（mm） | 悬挂<br>或粘贴 | 有暴露的电缆或地面下有电缆处施工的地点 |
| 警 8 | | 当心机械伤人 | 尺寸为<br>300×400<br>（mm） | 悬挂<br>或粘贴 | 易发生机械碾压、卷入、剪切等机械伤害的场所，如钢筋加工机械、木工机械、桩机等处 |
| 警 9 | | 当心伤手 | 尺寸为<br>300×400<br>（mm） | 悬挂<br>或粘贴 | 易造成手部伤害的作业地点，如木制加工、机械加工车间等 |
| 警 10 | | 当心扎脚 | 尺寸为<br>300×400<br>（mm） | 悬挂<br>或粘贴 | 易造成脚部伤害的作业地点，如木工车间、施工工地及有尖角散料等处 |
| 警 11 | | 当心吊物 | 尺寸为<br>300×400<br>（mm） | 悬挂<br>或粘贴 | 有吊装作业的场所，如梁板预制场、码头、梁板安装区域，起重机械作业区域 |
| 警 12 | | 当心坠落 | 尺寸为<br>300×400<br>（mm） | 悬挂<br>或粘贴 | 易发生坠落事故的作业地点，如脚手架、高处平台、地面的深沟（池、槽）、高处作业场所等 |

续上表

| 编号 | 图形 | 名称 | 制作要求 | 安装要求 | 设置范围及部位 |
|---|---|---|---|---|---|
| 警 13 | | 当心落物 | 尺寸为<br>300×400<br>（mm） | 悬挂<br>或粘贴 | 易发生落物危险的地点，如高处作业、立体交叉作业等下方 |
| 警 14 | | 当心坑洞 | 尺寸为<br>300×400<br>（mm） | 悬挂<br>或粘贴 | 具有坑洞易发生伤害的作业地点，如预留孔洞、基坑、各种深坑的上方处等 |
| 警 15 | | 当心烫伤 | 尺寸为<br>300×400<br>（mm） | 悬挂<br>或粘贴 | 具有热源易造成伤害的作业地点，如沥青储存罐、乳化沥青罐、热处理车间等 |
| 警 16 | | 当心弧光 | 尺寸为<br>300×400<br>（mm） | 悬挂<br>或粘贴 | 由于弧光可能造成眼部伤害的各种焊接作业场所 |
| 警 17 | | 当心塌方 | 尺寸为<br>300×400<br>（mm） | 悬挂<br>或粘贴 | 易发生塌方危险的地段，如边坡及土方作业的深坑、深槽等场所 |
| 警 18 | | 当心冒顶 | 尺寸为<br>300×400<br>（mm） | 悬挂<br>或粘贴 | 具有冒顶危险的作业场所，如矿井、隧道等 |

续上表

| 编号 | 图形 | 名称 | 制作要求 | 安装要求 | 设置范围及部位 |
| --- | --- | --- | --- | --- | --- |
| 警 19 | | 当心叉车 | 尺寸为 300×400 (mm) | 悬挂或粘贴 | 有叉车通行的场所 |
| 警 20 | | 当心车辆 | 尺寸为 300×400 (mm) | 悬挂或粘贴 | 厂内车、人混合行走的路段，道路的拐角处，平交路口，车辆出入较多的厂房、车库等出入口 |
| 警 21 | | 当心障碍物 | 尺寸为 300×400 (mm) | 悬挂或粘贴 | 地面有障碍物，绊倒易造成伤害的地点 |
| 警 22 | | 当心滑跌 | 尺寸为 300×400 (mm) | 悬挂或粘贴 | 易导致人员滑跌的场所，如梯道、坡道、作业平台等 |
| 警 23 | | 当心绊倒 | 尺寸为 300×400 (mm) | 悬挂或粘贴 | 桥面及现浇钢筋绑扎场所 |
| 警 24 | | 当心跌落 | 尺寸为 300×400 (mm) | 悬挂或粘贴 | 易于跌落的地点，如作业平台、楼梯、台阶等 |

续上表

| 编号 | 图形 | 名称 | 制作要求 | 安装要求 | 设置范围及部位 |
|---|---|---|---|---|---|
| 警25 |  | 当心落水 | 尺寸为 300×400 (mm) | 悬挂或粘贴 | 落水后有可能产生淹溺的场所或部位，如河流、栈桥、水上作业平台、临水施工作业区域等 |
| 警26 |  | 当心机械伤人 | 尺寸为 300×400 (mm) | 悬挂或粘贴 | 易发生机械碾压、卷入、剪切等机械伤害的场所，如钢筋加工机械、木工机械、桩机等处 |
| 警27 |  | 当心落石 | 尺寸为 300×400 (mm) | 悬挂或粘贴 | 易落石地带，如隧道出入口、路基砌筑边坡等处 |
| 警28 | 高压危险 | 高压危险 | 尺寸为 400×300 (mm) 黄底黑字 | 悬挂或粘贴 | 施工现场变压器、高压电力设备等处 |
| 警29 | 前方施工 减速慢行 | 前方施工减速慢行 | 尺寸为 800×600 (mm) 黄底黑字 | 竖立 | 跨越(临近)道路施工处 |
| 警30 | 进入施工现场 请减速慢行 | 进入施工现场请减速慢行 | 尺寸为 800×600 (mm) 黄底黑字 | 竖立 | 场站出入口及工点路口处 |

续上表

| 编号 | 图形 | 名称 | 制作要求 | 安装要求 | 设置范围及部位 |
|---|---|---|---|---|---|
| 警31 | 当心车辆行人 | 当心车辆行人 | 尺寸为 800×600（mm）黄底黑字 | 悬挂或粘贴 | 沿线交叉口 |
| 警32 | 施工路段 减速慢行 | 施工路段减速慢行 | 尺寸为 800×600（mm）黄底黑字 | 竖立 | 场站出入口及施工路段 |
| 警33 | 上料区域 注意安全 | 上料区域注意安全 | 尺寸为 800×600（mm）黄底黑字 | 悬挂或粘贴 | 拌和楼作业区 |
| 警34 | 作业半径内 严禁站人 | 作业半径内严禁站人 | 尺寸为 800×600（mm）黄底黑字 | 悬挂或粘贴 | 筑路机械作业区 |
| 警35 | 水深危险 注意安全 | 水深危险注意安全 | 尺寸为 800×600（mm）黄底黑字 | 竖立 | 水上作业区 |
| 警36 | 有电危险 当心触电 | 有电危险当心触电 | 尺寸为 800×600（mm）黄底黑字 | 悬挂或粘贴 | 有可能发生触电危险的电器设备和线路 |

### A.1.3 指令标志(附表 A-3)

**指令标志及其设置要求** 附表 A-3

| 编号 | 图形 | 名称 | 制作要求 | 安装要求 | 设置范围及部位 |
|---|---|---|---|---|---|
| 指 1 | | 必须戴防护眼镜 | 尺寸为 300×400 (mm) | 悬挂或粘贴 | 对眼睛有伤害的作业场所,如管道压浆、油泵操作、砂轮机操作,对焊作业场地 |
| 指 2 | | 必须戴防毒面具 | 尺寸为 300×400 (mm) | 悬挂或粘贴 | 具有对人体有害的气体、气溶胶、烟尘等作业场所,如有毒物散发的地点或处理由毒物造成的事故现场 |
| 指 3 | | 必须戴防尘口罩 | 尺寸为 300×400 (mm) | 悬挂或粘贴 | 粉尘污染的作业场所,如搅拌站、水泥装卸、马路清扫作业 |
| 指 4 | | 必须戴护耳器 | 尺寸为 300×400 (mm) | 悬挂或粘贴 | 噪声超过 85dB 的作业场所,如铆接车间、织布车间、射击场、工程爆破、风动掘进等处 |
| 指 5 | | 必须戴安全帽 | 尺寸为 300×400 (mm) | 悬挂或粘贴 | 头部易受伤害的作业场所,主要指施工现场入口,预制场、隧道、拆除现场等 |
| 指 6 | | 必须戴防护帽 | 尺寸为 300×400 (mm) | 悬挂或粘贴 | 易造成人体碾绕伤害或有粉尘污染头部的作业场所,如石棉、玻璃纤维以及具有旋转设备的机械加工车间等 |

续上表

| 编号 | 图形 | 名称 | 制作要求 | 安装要求 | 设置范围及部位 |
|---|---|---|---|---|---|
| 指 7 | | 必须戴<br>防护手套 | 尺寸为<br>300×400<br>(mm) | 悬挂<br>或粘贴 | 易伤害到手部的作业场所，如遇腐蚀、炙热、触电、刺伤的危险有害场所 |
| 指 8 | | 必须穿<br>防护鞋 | 尺寸为<br>300×400<br>(mm) | 悬挂<br>或粘贴 | 易伤害到脚部的作业场所，如遇腐蚀、炙热、触电、刺伤的危险有害场所 |
| 指 9 | | 必须系<br>安全带 | 尺寸为<br>300×400<br>(mm) | 悬挂<br>或粘贴 | 易发生人员坠落可能的作业场所，如高处作业，悬空作业，临边作业等 |
| 指 10 | | 必须穿<br>救生衣 | 尺寸为<br>300×400<br>(mm) | 悬挂<br>或粘贴 | 易发生溺水可能的作业场所，如水上作业，交通船作业 |
| 指 11 | | 必须穿<br>防护服 | 尺寸为<br>300×400<br>(mm) | 悬挂<br>或粘贴 | 具有放射、微波、高温及其他需穿防护服的作业场所 |
| 指 12 | | 必须加锁 | 尺寸为<br>300×400<br>(mm) | 悬挂<br>或粘贴 | 剧毒品、危险品库房等地点 |

续上表

| 编号 | 图形 | 名称 | 制作要求 | 安装要求 | 设置范围及部位 |
| --- | --- | --- | --- | --- | --- |
| 指 13 | | 必须接地 | 尺寸为 300×400 (mm) | 悬挂或粘贴 | 防雷、防静电场所,如门吊、塔吊和拌和楼等 |
| 指 14 | | 必须拔出插头 | 尺寸为 300×400 (mm) | 悬挂或粘贴 | 在设备维修、故障、长期停用、无人值守状态下,如施工现场各种用设备 |
| 指 15 | | 必须戴防护面罩 | 尺寸为 300×400 (mm) | 悬挂或粘贴 | 易造成人体紫外线辐射的场所,如电焊作业场所 |
| 指 16 | | 注意通风 | 尺寸为 300×400 (mm) | 悬挂或粘贴 | 空气不流通,易发和窒息、中毒等场所,如人工挖孔等 |
| 指 17 | 进入施工现场 必须戴安全帽 | 进入施工现场必须戴安全帽 | 尺寸为 600×800 (mm) | 悬挂或粘贴 | 施工现场出入口等醒目位置 |
| 指 18 | 泥浆池危险 请勿靠近 | 泥浆池危险请勿靠近 | 尺寸为 400×300 (mm) 蓝底白字 | 悬挂或粘贴 | 泥浆池防护栏杆上 |

续上表

| 编号 | 图形 | 名称 | 制作要求 | 安装要求 | 设置范围及部位 |
|---|---|---|---|---|---|
| 指19 | 沉淀池危险<br>请勿靠近 | 沉淀池危险<br>请勿靠近 | 尺寸为<br>400×300<br>（mm）<br>蓝底白字 | 悬挂<br>或粘贴 | 拌和场、预制场、桥梁施工沉淀池 |
| 指20 | 张拉危险<br>请勿靠近 | 张拉危险<br>请勿靠近 | 尺寸为<br>400×300<br>（mm）<br>蓝底白字 | 悬挂<br>或粘贴 | 预制场、现浇梁、桥面等预应力张拉处 |
| 指21 | 基坑危险<br>请勿靠近 | 基坑危险<br>请勿靠近 | 尺寸为<br>400×300<br>（mm）<br>蓝底白字 | 悬挂<br>或粘贴 | 涵洞、桥梁基坑靠便道侧防护栏 |
| 指22 | 必须系安全绳 | 必须系<br>安全绳 | 尺寸为<br>400×300<br>（mm）<br>蓝底白字 | 悬挂<br>或粘贴 | 高处作业、临边作业、悬空作业等场所 |
| 指23 | 进入井下作业<br>请正确佩戴安全防护用品 | 进入井下作业<br>请正确佩戴安全防护用品 | 尺寸为<br>400×300<br>（mm）<br>蓝底白字 | 悬挂<br>或粘贴 | 井口作业区 |

## A.1.4 提示标志(附表 A-4)

**提示标志及其设置要求** 附表 A-4

| 编号 | 图形 | 名称 | 制作要求 | 安装要求 | 设置范围及部位 |
|---|---|---|---|---|---|
| 示 1 | | 紧急出口 | 尺寸为<br>300×400<br>(mm) | 悬挂<br>或粘贴 | 高处作业、临边作业、悬空作业等场所 |
| 示 2 | | | | | |
| 示 3 | | 疏散通道方向 | 尺寸为<br>400×300<br>(mm) | 悬挂<br>或粘贴 | 与紧急出口联用,指示到紧急出口的方向 |
| 示 4 | | | | | |
| 示 5 | | 可动火区 | 尺寸为<br>400×300<br>(mm) | 悬挂<br>或粘贴 | 按规定划定的可使用明火的地点 |
| 示 6 | | 避险处 | 尺寸为<br>400×300<br>(mm) | 悬挂<br>或粘贴 | 铁路桥、公路桥及隧道内躲避危险的地点 |

续上表

| 编号 | 图形 | 名称 | 制作要求 | 安装要求 | 设置范围及部位 |
|---|---|---|---|---|---|
| 示7 | | 急救点 | 尺寸为<br>400×300<br>(mm) | 悬挂<br>或粘贴 | 设置现场急救仪器设备及药品的地点 |
| 示8 | | 消防手动启动器 | 尺寸为<br>400×300<br>(mm) | 悬挂<br>或粘贴 | 指示火灾报警系统或固定灭火系统等的手动启动器 |
| 示9 | | 发声警报器 | 尺寸为<br>400×300<br>(mm) | 悬挂<br>或粘贴 | 指示发声手动启动装置的发声警报器 |
| 示10 | | 火警电话 | 尺寸为<br>400×300<br>(mm) | 悬挂<br>或粘贴 | 指示在发生火灾时,可用来报警的电话及电话号码 |
| 示11 | | 灭火设备 | 尺寸为<br>400×300<br>(mm) | 悬挂<br>或粘贴 | 指示灭火设备集中存放的位置 |
| 示12 | | 灭火器 | 尺寸为<br>400×300<br>(mm) | 悬挂<br>或粘贴 | 指示灭火器存放的位置 |

续上表

| 编号 | 图形 | 名称 | 制作要求 | 安装要求 | 设置范围及部位 |
|---|---|---|---|---|---|
| 示 13 | | 消防水带 | 尺寸为 400×300（mm） | 悬挂或粘贴 | 指示消防水带、软管卷盘或消火栓箱的位置 |
| 示 14 | | 地下消火栓 | 尺寸为 400×300（mm） | 悬挂或粘贴 | 指示地下消火栓的位置 |
| 示 15 | | 地上消火栓 | 尺寸为 400×300（mm） | 悬挂或粘贴 | 指示地上消火栓的位置 |
| 示 16 | | 消防水泵接合器 | 尺寸为 400×300（mm） | 悬挂或粘贴 | 指示消防水泵接合器的位置 |
| 示 17 | | 消防梯 | 尺寸为 400×300（mm） | 悬挂或粘贴 | 指示消防梯的位置 |
| 示 18 | | 灭火设备或报警装置的方向 | 尺寸为 400×300（mm） | 悬挂或粘贴 | 与灭火设备或报警装置联用，指示灭火设备或报警装置的位置方向 |

续上表

| 编号 | 图形 | 名称 | 制作要求 | 安装要求 | 设置范围及部位 |
| --- | --- | --- | --- | --- | --- |
| 示 19 |  | 灭火设备或报警装置的方向 | 尺寸为 400×300（mm） | 悬挂或粘贴 | 与灭火设备或报警装置联用，指示灭火设备或报警装置的位置方向 |
| 示 20 | 易燃气体 2 | 易燃气体标志 | 尺寸为 400×300（mm） | 悬挂或粘贴 | 设置在存放容器上或存放易燃气体的场所。可以标明储存的种类和数量 |
| 示 21 | 易燃液体 3 | 易燃液体标志 | 尺寸为 400×300（mm） | 悬挂或粘贴 | 设置在盛装容器上或存放易燃液体的场所。可以标明储存的种类和数量 |
| 示 22 | 放炮警戒线 | 放炮警戒线 | 尺寸为 400×300（mm） | 竖立或悬挂 | 设置在施工现场爆破施工区域前方 |
| 示 23 | XX危险区 | 危险区 | 尺寸为 400×300（mm） | 竖立或悬挂 | 设置在施工现场危险施工区域 |
| 示 24 | 前 方 慢 行 | 前方慢行 | 尺寸为 400×300（mm） | 竖立或悬挂 | 设置在施工区域前方路段 |

### A.1.5 明示标志（附表 A-5）

**明示标志及其设置要求** 附表 A-5

| 编号 | 图形 | 名称 | 制作要求 | 安装要求 | 设置范围及部位 |
|---|---|---|---|---|---|
| 识 1 | 氧气存放处 | 氧气存放处标识牌 | 尺寸为 400×300（mm） | 悬挂或粘贴 | 氧气存放处 |
| 识 2 | 机械设备标识牌<br>XXXX 项目部 | 机械设备标识牌 | 尺寸为 400×300（mm） | 悬挂或粘贴 | 施工机械设备处 |
| 识 3 | 安全操作规程牌<br>XXXX 项目部 | 安全操作规程牌 | 尺寸为 400×300（mm） | 悬挂或粘贴 | 施工机械设备处 |
| 识 4 | 材料标识牌<br>品名 规格<br>产地 数量<br>检验结果 抽检时间<br>试验员 监理工程师<br>XXXX 项目部 | 材料标识牌 | 尺寸为 400×300（mm） | 悬挂或粘贴 | 材料存放区 |
| 识 5 |  | 施工告示牌 | 尺寸为 12 000×800（mm） | 竖立 | 桥梁、隧道、站场、拌和场、预制场等重点工程的醒目位置 |
| 识 6 | 安全生产牌 | 安全生产牌 | 尺寸为 12 000×800（mm） | 竖立 | 桥梁、隧道、站场、拌和场、预制场等重点工程的醒目位置 |

续上表

| 编号 | 图形 | 名称 | 制作要求 | 安装要求 | 设置范围及部位 |
|---|---|---|---|---|---|
| 识 7 | | 文明施工牌 | 尺寸为 1 200 × 800（mm） | 竖立 | 桥梁、隧道、站场、拌和场、预制场等重点工程的醒目位置 |
| 识 8 | | 危险源告示牌 | 尺寸为 600 × 800（mm） | 竖立 | 有危险源施工场所 |
| 识 9 | | 消防保卫牌 | 尺寸为 600 × 800（mm） | 竖立 | 桥梁、隧道、站场、拌和场、预制场等重点工程的醒目位置 |
| 识 10 | | 施工现场总平面图 | 尺寸为 2 000 × 3 000（mm） | 竖立 | 桥梁、隧道、站场、拌和场、预制场等重点工程的醒目位置 |

## A.2 安全标志设置示例

### A.2.1 禁止标志(附图 A-1)

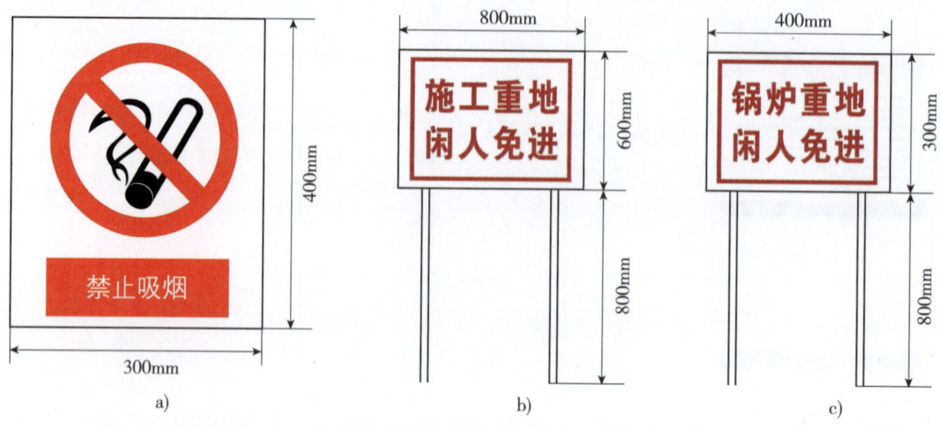


附图 A-1 禁止标志的设置示例

### A.2.2 警告标志(附图 A-2)

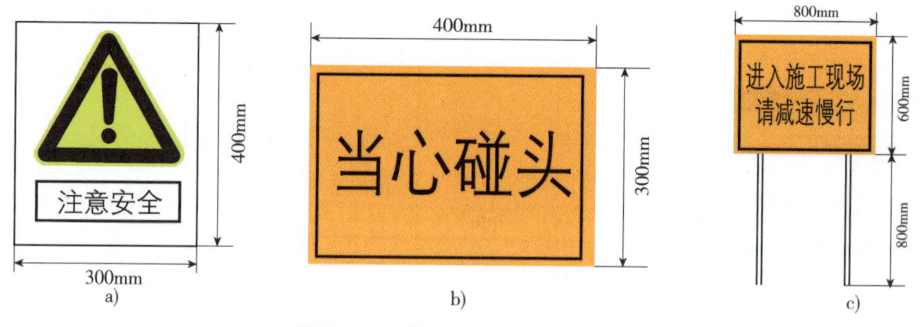


附图 A-2 警告标志的设置示例

### A.2.3 指令标志(附图 A-3)

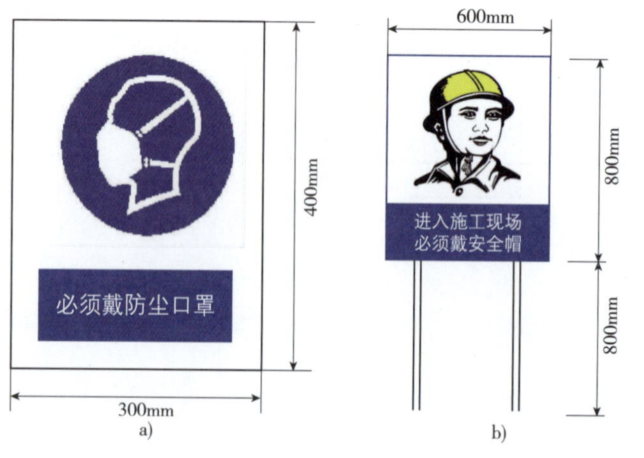


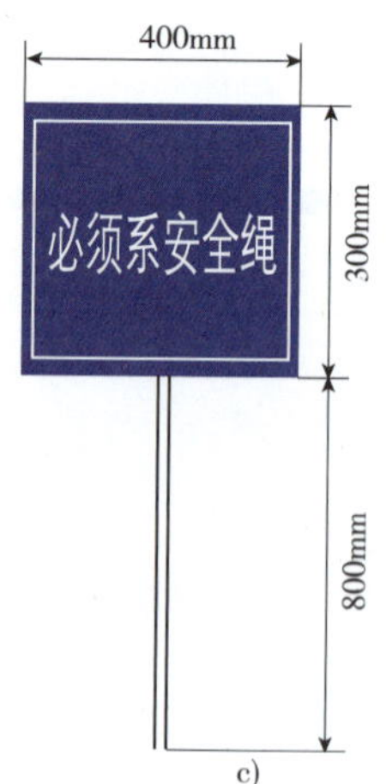


附图 A-3 指令标志的设置示例

### A.2.4 提示标志(附图 A-4)

附图 A-4 指令标志的设置示例

### A.2.5 明示标志(附图 A-5)

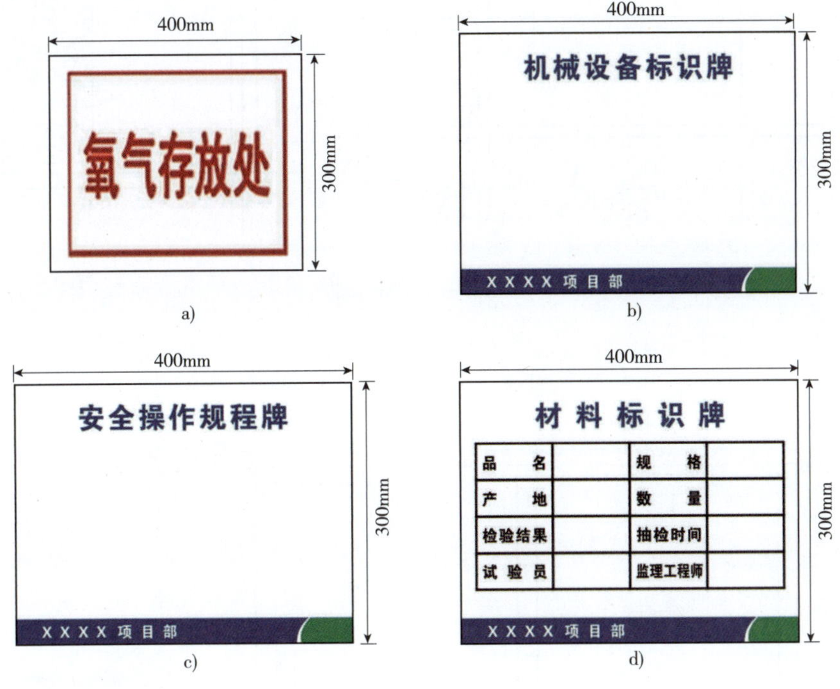


附图 A-5 明示标志的设置示例

# 附录 B　公路工程施工现场常用安全防护设施

公路工程施工现场常用安全防护设施见附图 B-1 ~ 附图 B-22。

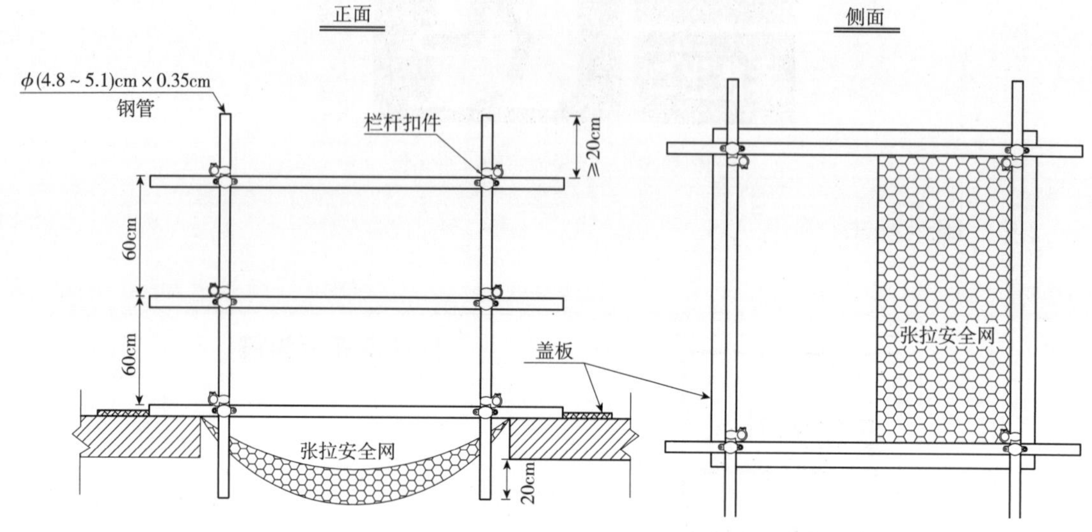


附图 B-1　孔洞盖板

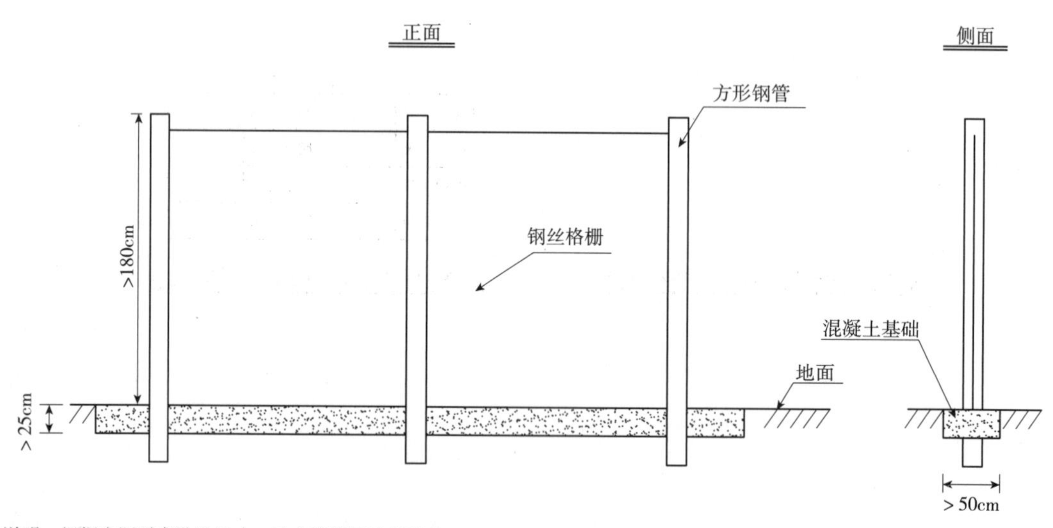


说明：根据实际需求设置尺寸，尺寸需满足受力要求。

附图 B-2　格栅围墙防护

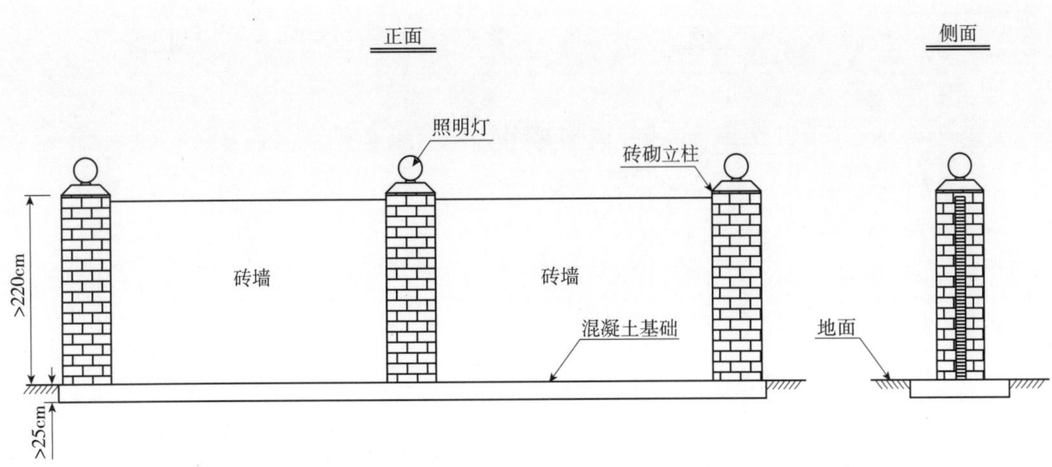


说明：本图尺寸需根据受力计算及现场实际情况确定。

附图 B-3 砖混围墙防护

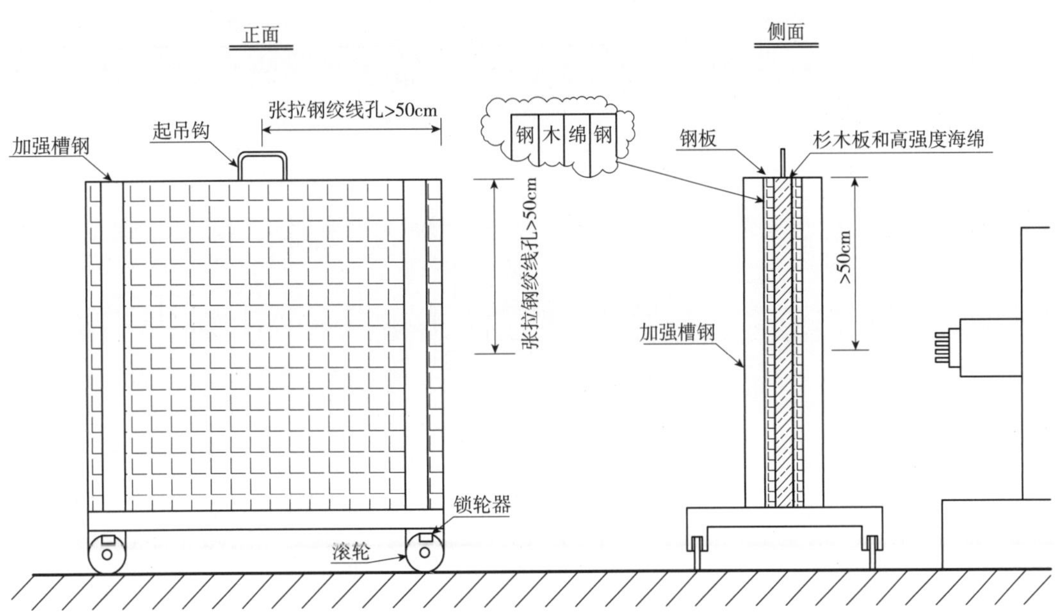


说明：挡板应由厚度>5mm钢板、厚度>30mm的杉木板和高强度海绵等材料制作而成。

附图 B-4 张拉挡板防护

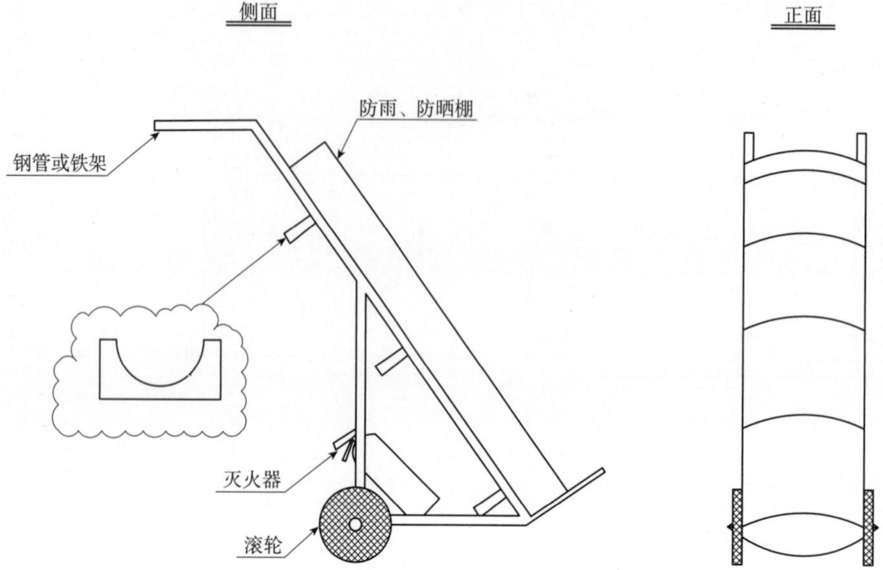


附图 B-5　搬运气瓶防护

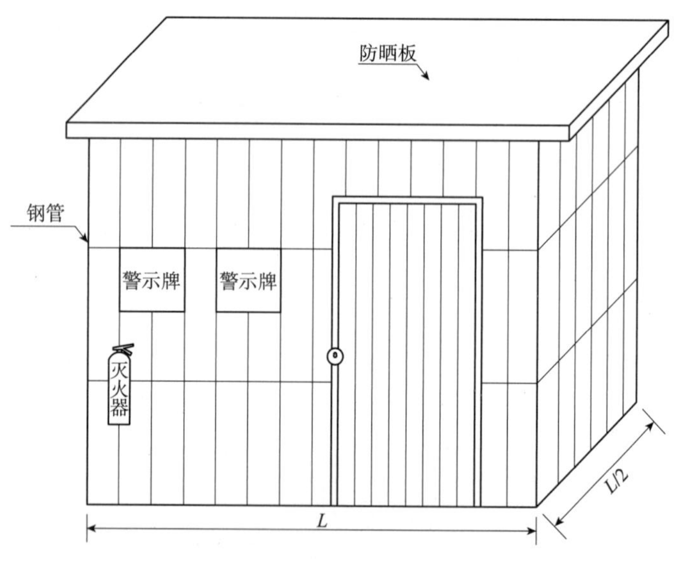


说明：

1.钢筋笼设置“注意安全”“禁止烟火”警示牌。
2.工后将氧气瓶、乙炔瓶存放在钢筋笼内并加锁。
3.钢筋笼上方设防晒板。
4.存放氧气、乙炔等需满足规范要求。
5.钢筋笼尺寸应根据实际需求而制作。

附图 B-6　专用存放棚

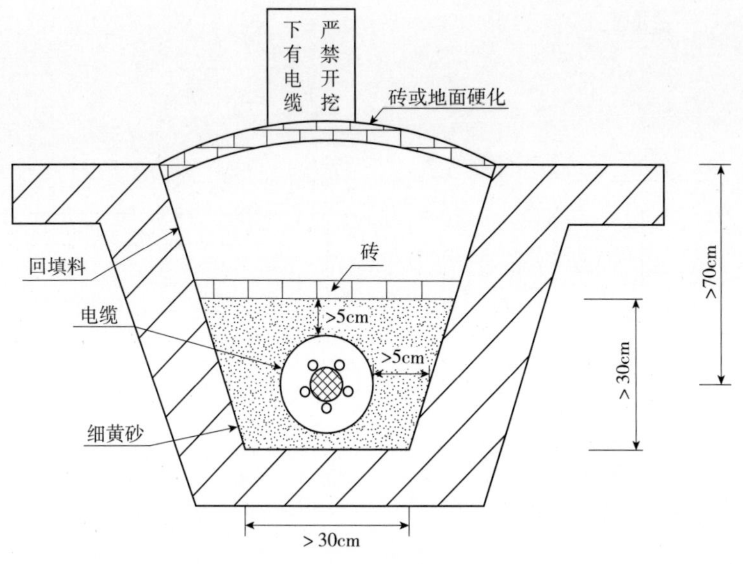


附图 B-7 埋地防护

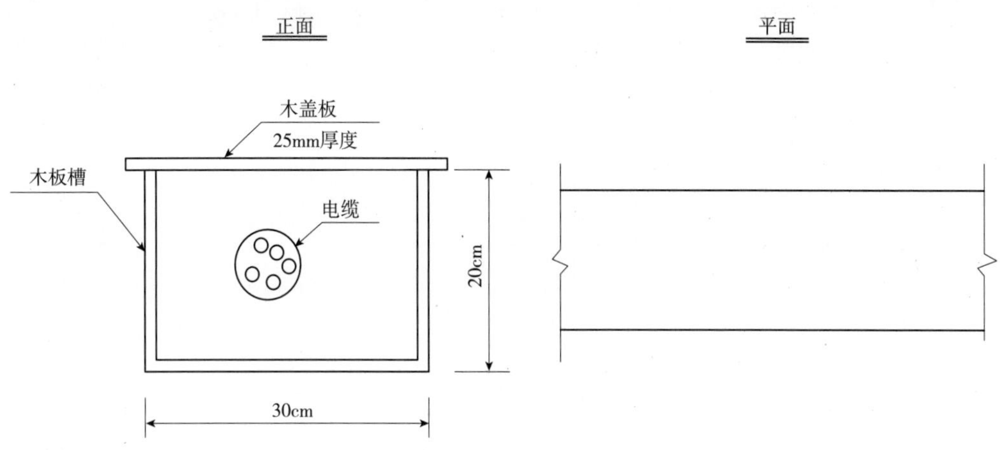


说明：电缆槽采用木板制作。

附图 B-8 电缆槽

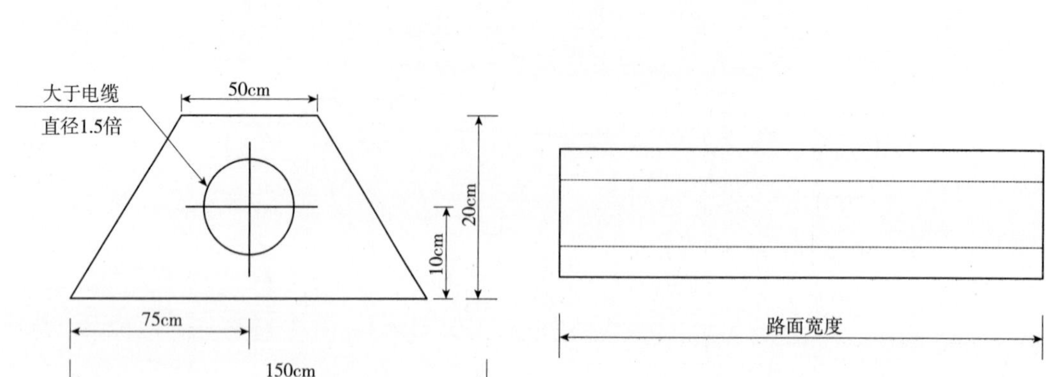


说明：护坎坡度大小根据道路通行情况确定。

附图 B-9　电缆护坎

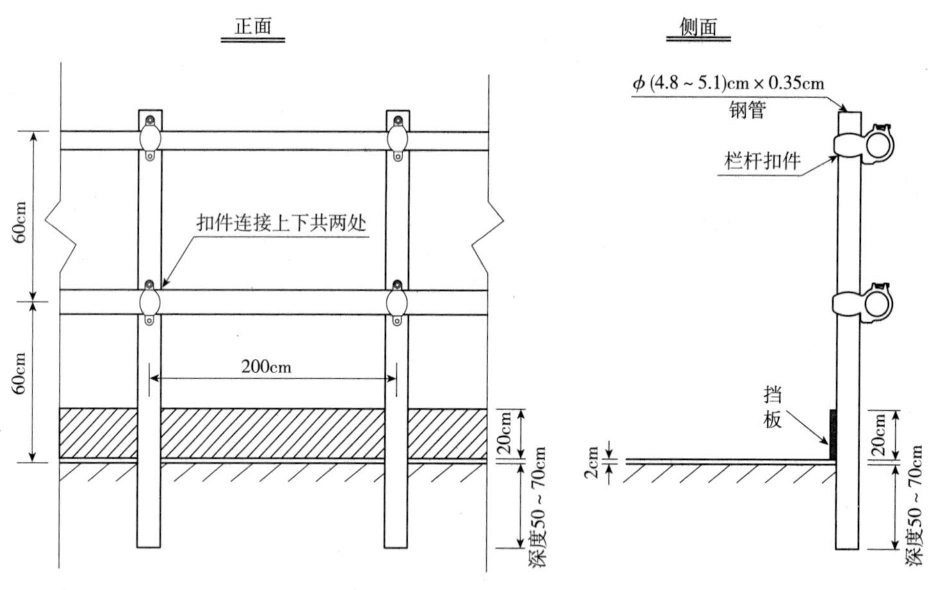


附图 B-10　防护栏杆

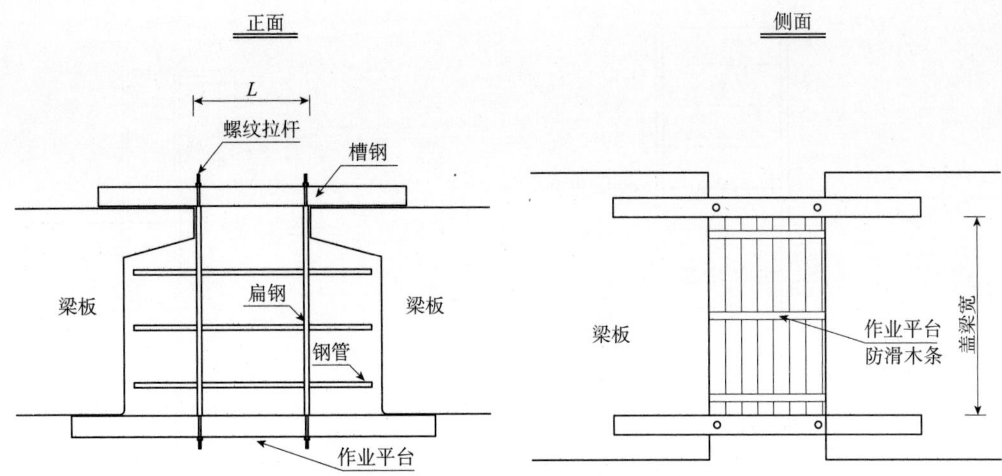


说明：需根据跨径计算选用相应材料规格型号。

附图 B-11 梁板中(端)横梁吊篮防护

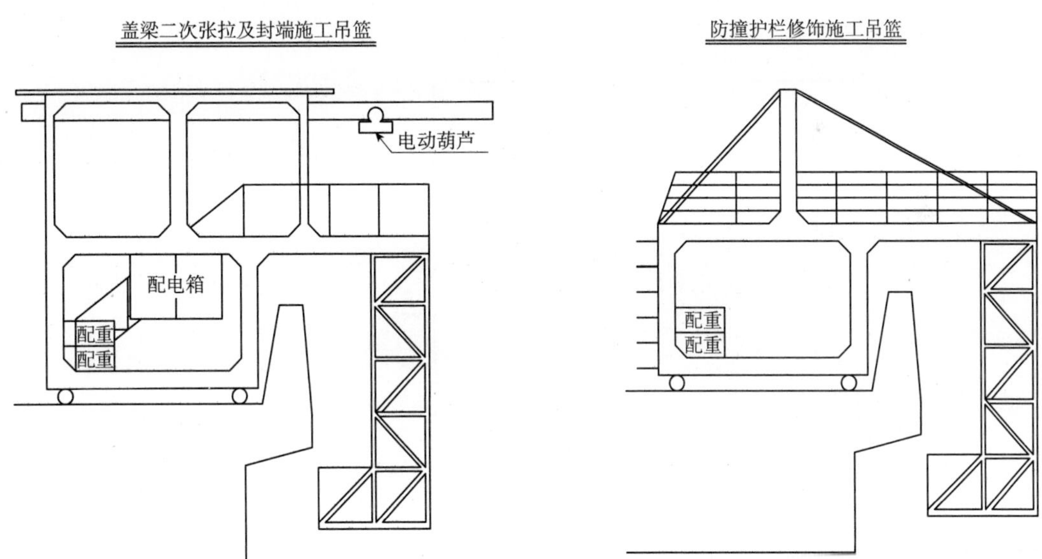


说明：需根据跨径计算选用相应材料规格型号。

附图 B-12 吊篮防护

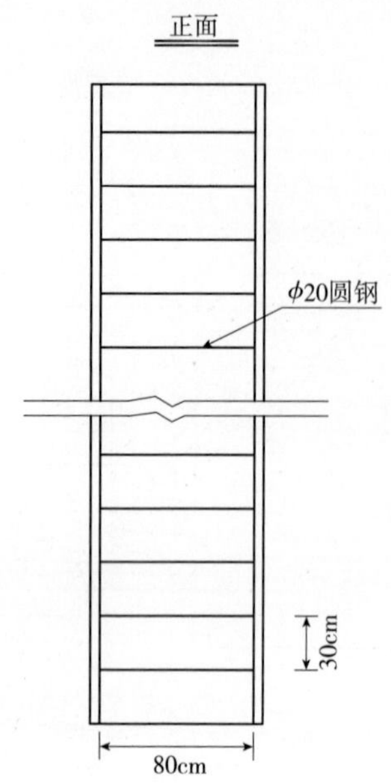


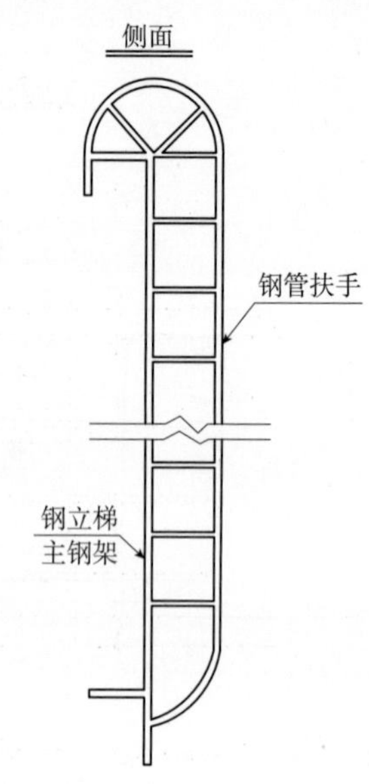


说明：

1.必要时设置立梯防护罩及休息平台。

2.钢材材质选择必须满足受力要求。

附图 B-13　钢立梯

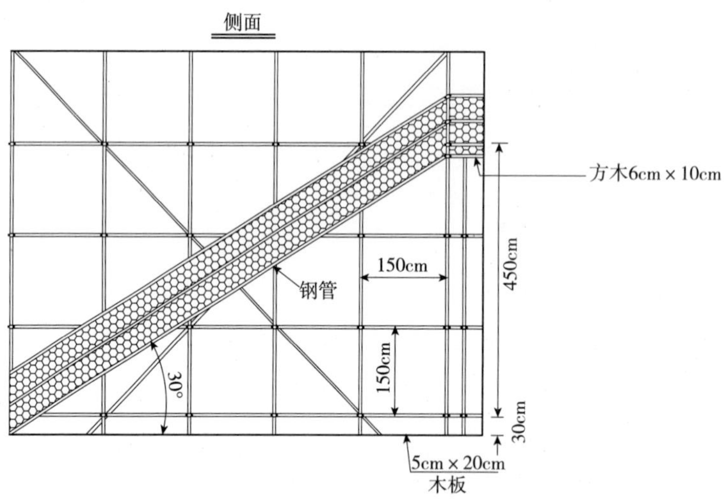


说明：结构材料、尺寸需满足受力验算。

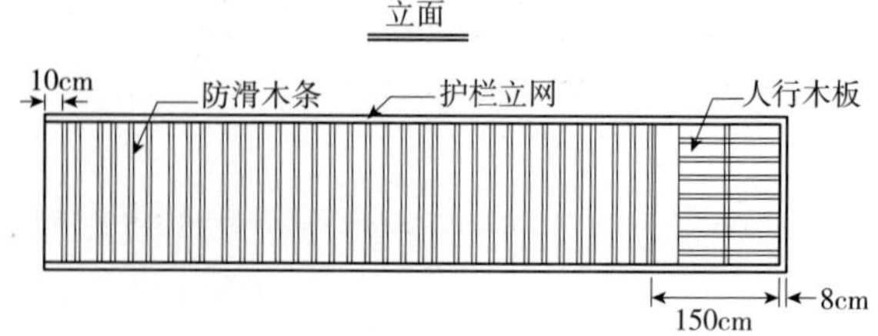


附图 B-14　钢管式斜梯

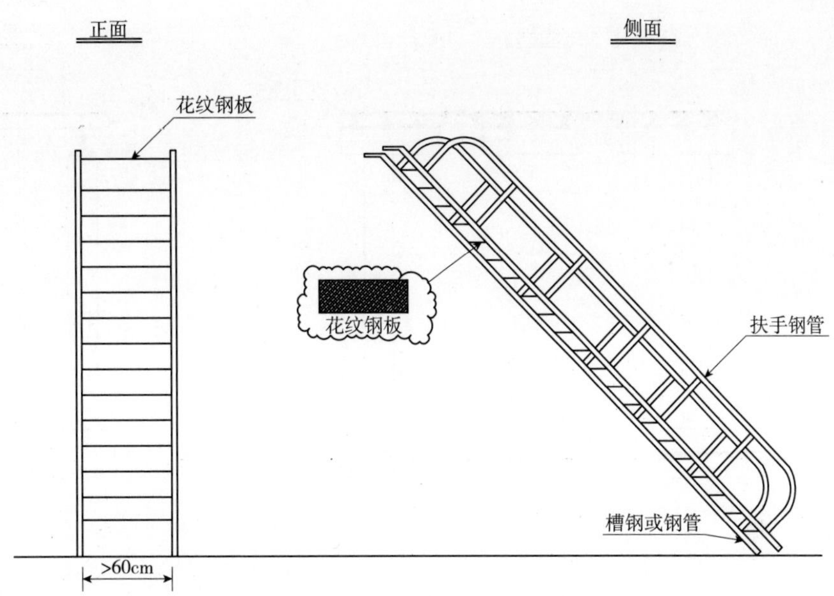


说明：材料需根据高度经受力验算后确定截面尺寸。

附图 B-15　钢爬梯

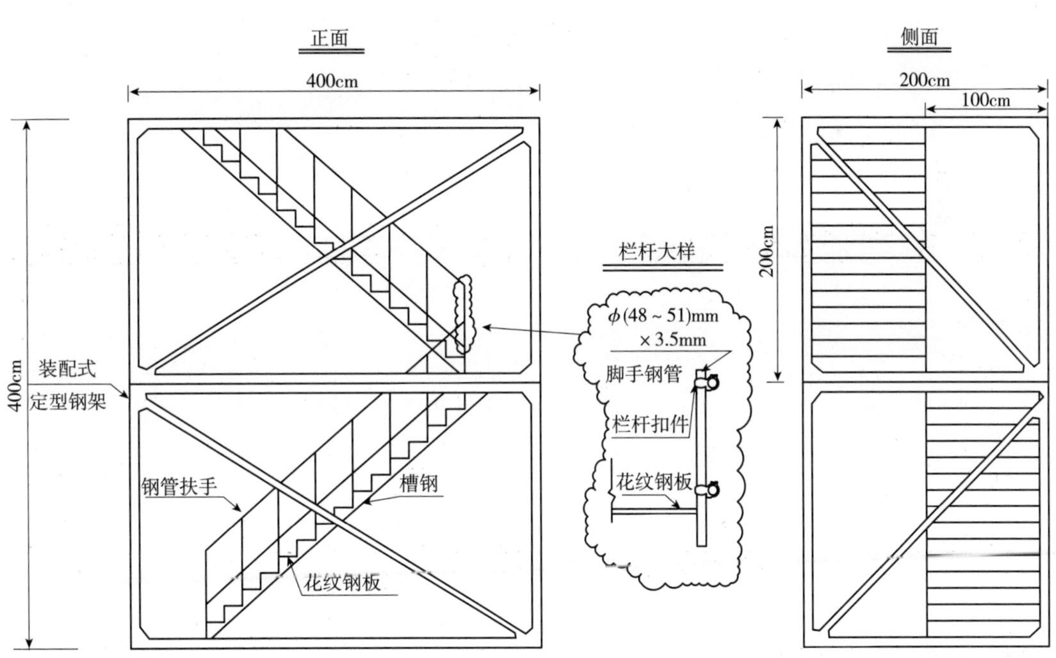


说明：定型钢架需根据架设高度，通过验算确定钢架材料型号。

附图 B-16　装配式斜梯

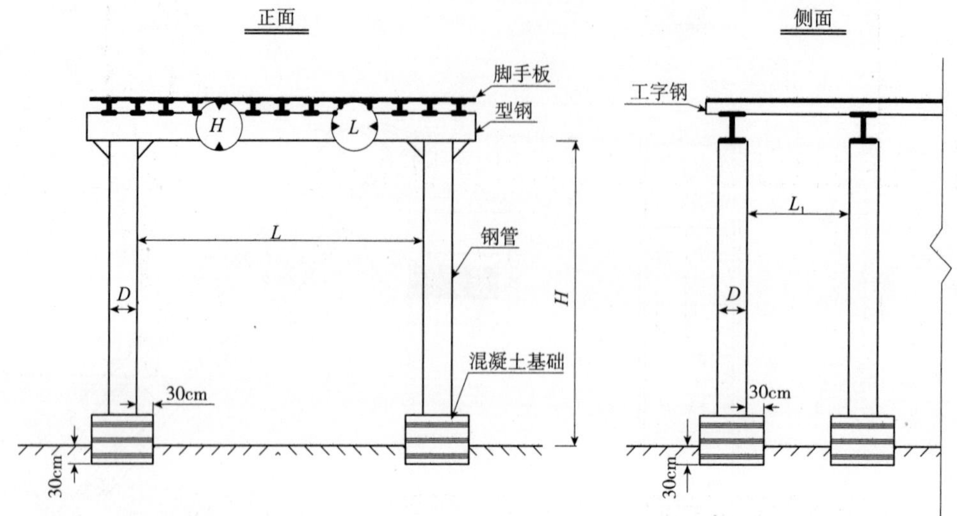


说明：
1.根据跨径计算选用相应材料型号。
2.地基处理必须满足承载力要求。
3.棚顶满铺脚应当具有抗砸能力。
4.棚顶严密铺设双层正交竹串片脚手板或其他材料。

附图 B-17　防落天棚

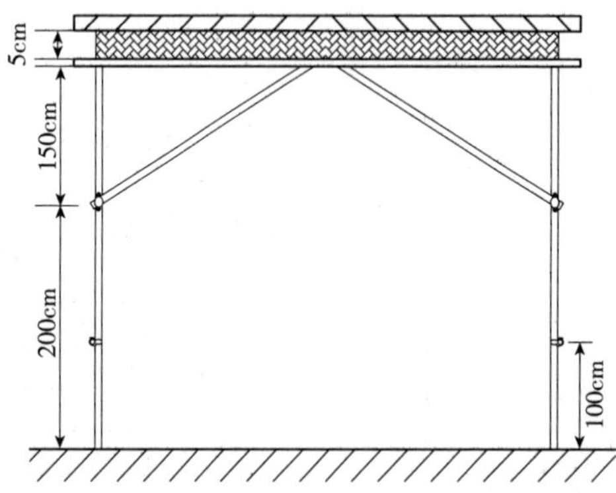


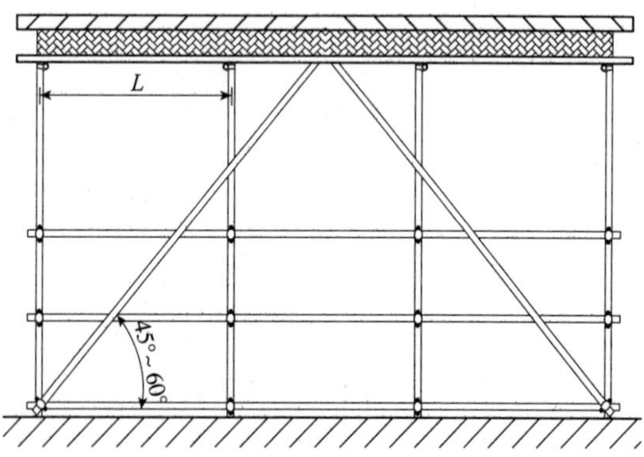


说明：
1.地基处理应满足设计规范要求。
2.棚顶严密铺设双层正交竹串片脚手板或双层正交50mm厚木模板。
3.脚手管立杆步距、跨距必须满足规范要求。

附图 B-18　通道防护棚

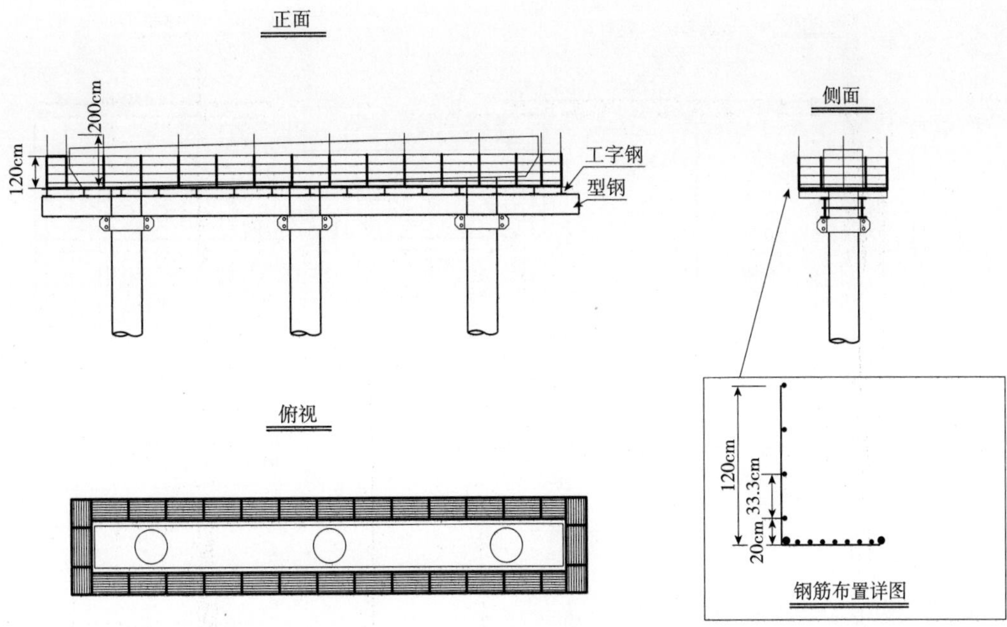


说明：根据实体结构不同跨径及承载力要求确定尺寸、跨径、材料，必须满足受力验算。

附图 B-19　高处作业平台防护

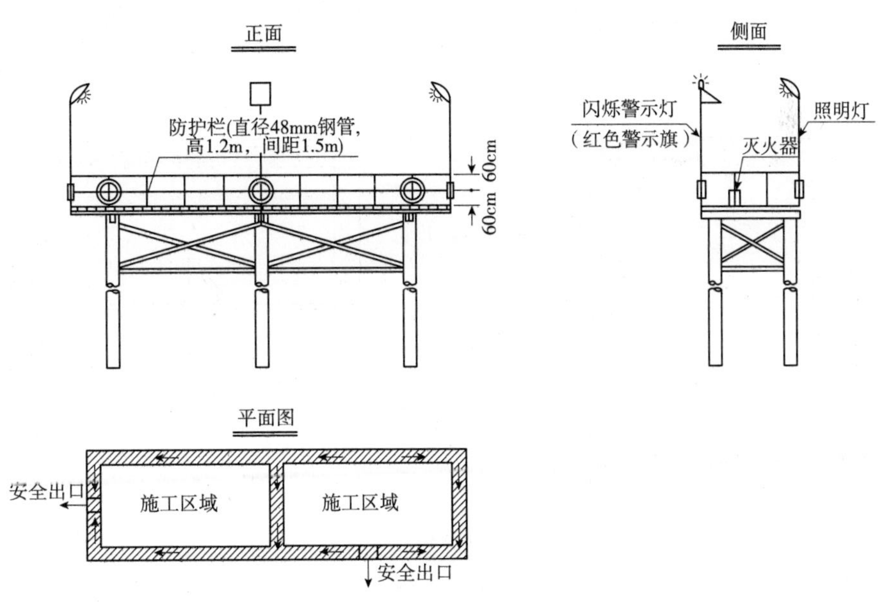


说明：水上施工平台的结构尺寸、选材和承载、面积等以能满足施工方案要求为准。

附图 B-20　水上作业平台防护

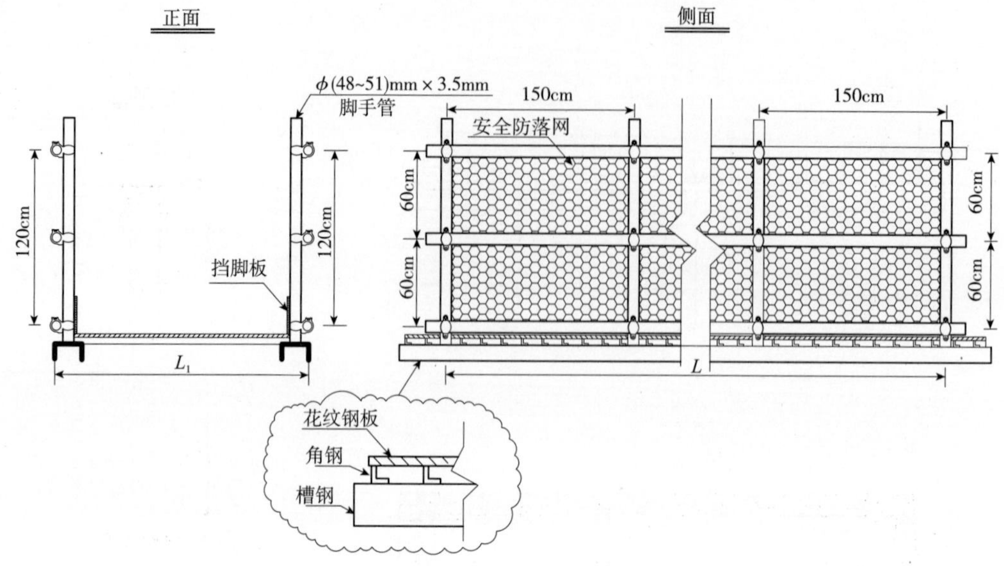


说明：
1.图中纵向主梁钢材及横梁钢材，根据跨径计算选用相应型号。
2.行走道板用木板铺设时，横向应增加防滑木条。

附图 B-21　通道防护

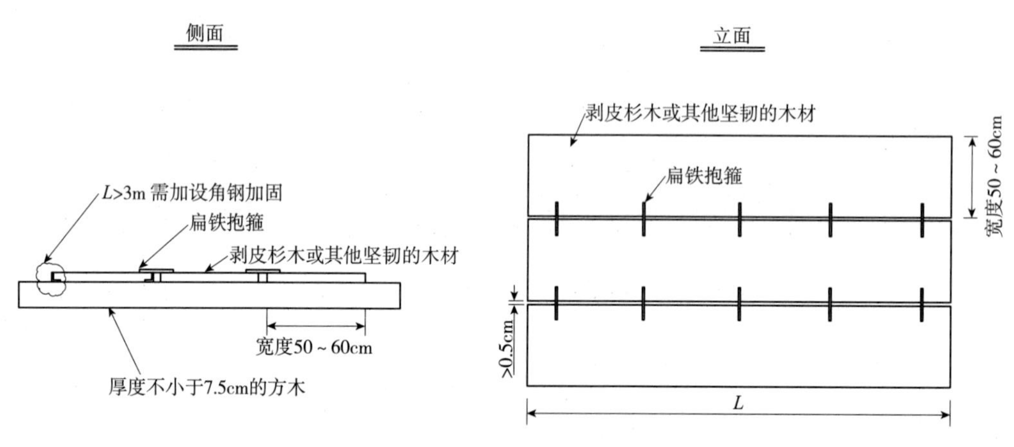


说明：
1.需根据跨径计算选用相应材料规格型号。
2.水上临时人行跳板应设置防护栏杆。

附图 B-22　跳板防护

# 附录 C　公路工程施工现场常用安全标志和安全防护设施图例

## C.1　施工现场安全标志设置图例

施工现场安全标志设置图例见附图 C-1 ~ 附图 C-16。

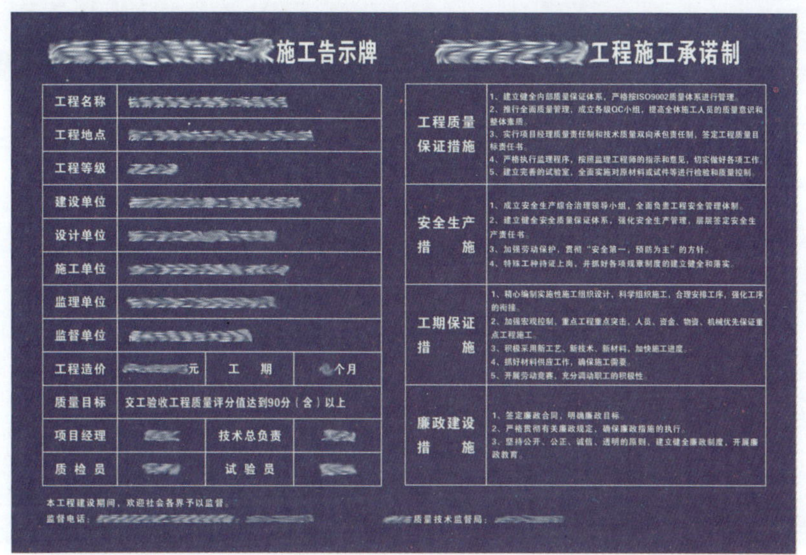


附图 C-1　施工告示牌

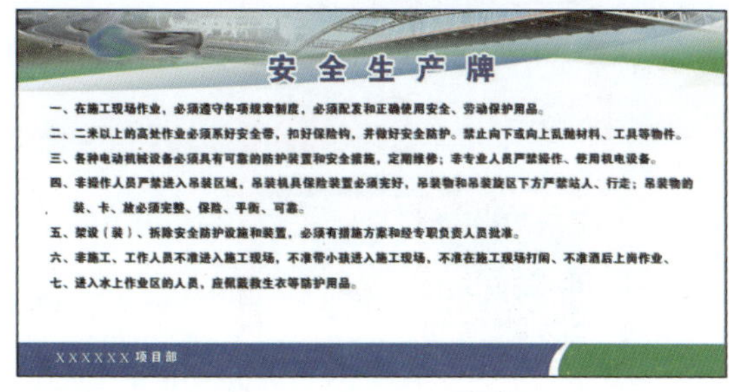

附图 C-2　安全生产牌

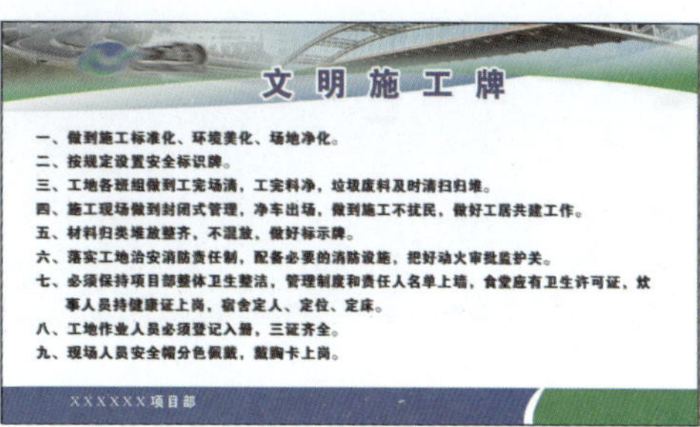


附图 C-3　文明施工牌

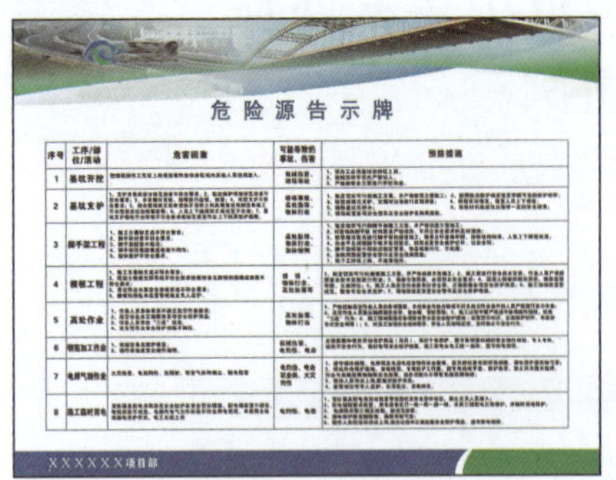


附图 C-4　危险源告示牌

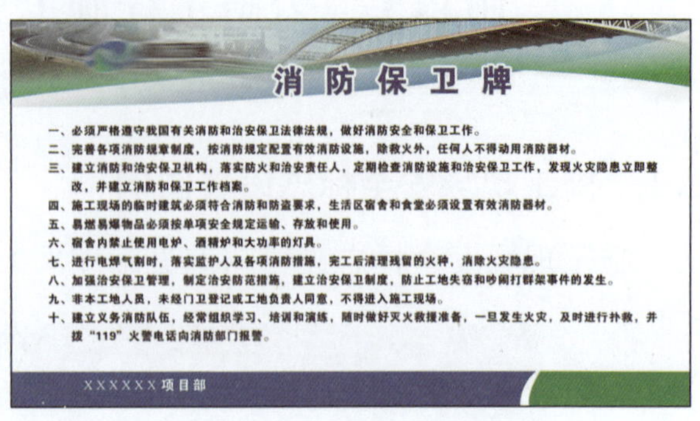


附图 C-5　消防保卫牌

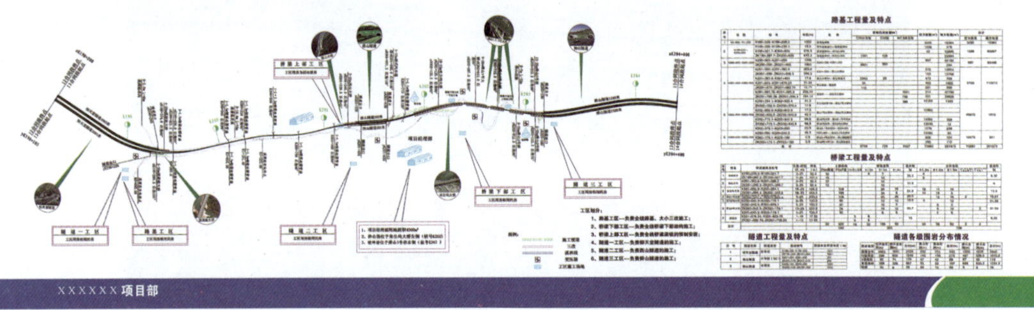


附图 C-6　××工程施工现场总平面图(即“一图”)

附图 C-7　现场出入口安全标志

附图 C-8　梯道口安全标志

附图 C-9　前方施工　减速慢行

附图 C-10　施工现场　注意安全

附图 C-11　前方施工　减速慢行(200m)

附图 C-12　进入施工路段　行人注意安全

附图 C-13　前方施工　减速慢行(100m)

附图 C-14　电缆净空高度 6m

附图 C-15　施工便桥安全标志

附图 C-16　通道安全标志

## C.2　施工现场安全防护设施设置图例

施工现场安全设施设置图例见附图 C-17 ~ 附图 C-81。

附图 C-17　格栅结构围墙

附图 C-18　塑钢格栅围墙

附图 C-19　砖混结构围墙

附图 C-20　张拉挡板

附图 C-21　一体式张拉挡板

附图 C-22　钢绞线防护架

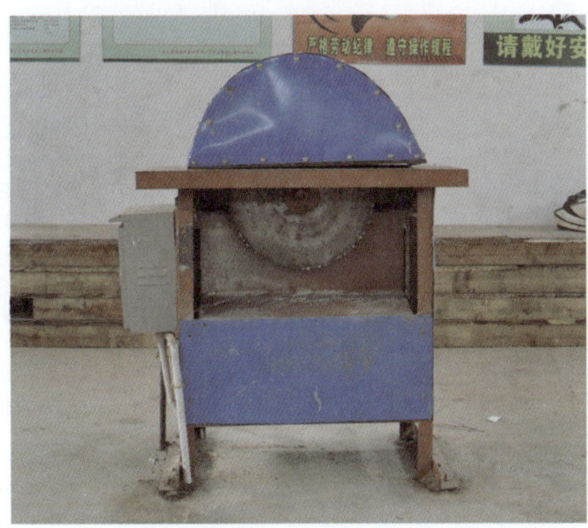


附图 C-23　圆盘锯防护罩

附图 C-24　切割机防护罩

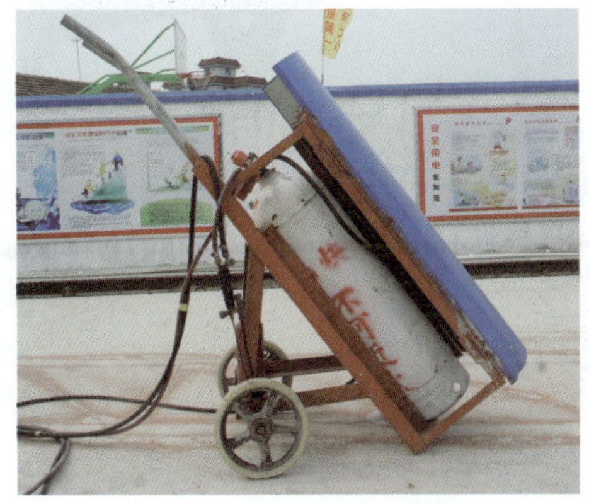

附图 C-25　乙炔瓶防护

附图 C-26　乙炔、氧气存放棚

附图 C-27　户外用电设备防护棚

附图 C-28　电焊机防护棚

附图 C-29　桥面过道电缆防护设施

附图 C-30　定型式防护栏杆

附图 C-31　栈桥防护栏杆

附图 C-32　沉淀池防护栏杆

附图 C-33　插入式防护栏杆

附图 C-34　移动式防护栏杆

附图 C-35　中横梁施工防护设施

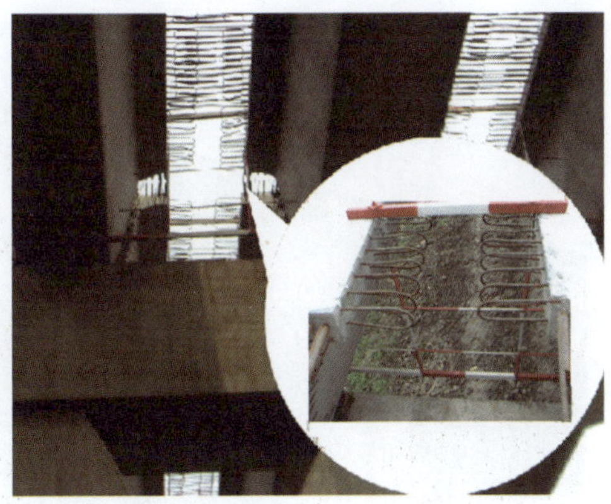

附图 C-36　端横梁施工防护设施

附图 C-37　盖梁封端张拉吊篮

附图 C-38　护栏混凝土表面修饰吊篮

附图 C-39　护栏立、拆模吊篮

附图 C-40　盖梁张拉吊篮

附图 C-41　钢爬梯

附图 C-42　装配式斜梯

附图 C-43　脚手架及梯道

附图 C-44　装配式斜梯

附图 C-45　施工电梯

附图 C-46　防落天棚

附图 C-47　上料区防撞墩

附图 C-48　上料区护栏

附图 C-49　柔性落石阻拦网

附图 C-50　孔口防护栏杆

附图 C-51　孔口护壁

附图 C-52　半圆形防护罩

附图 C-53　基坑支护

附图 C-54　墩台脚手架

附图 C-55　盖梁施工防护设施

附图 C-56　预制梁上下钢梯

附图 C-57　T 梁钢支撑架

附图 C-58　立杆底座

附图 C-59　现浇梁脚手架(一)

附图 C-60　现浇梁脚手架(二)

附图 C-61　现浇梁脚手架(三)

附图 C-62　连续梁安全防护设施

附图 C-63　桥面通道

附图 C-64　湿接缝防护

附图 C-65　中分带临空防护

附图 C-66　隧道安全通道及警示

附图 C-67　开挖台车防护设施

附图 C-68　隧道应急逃生管

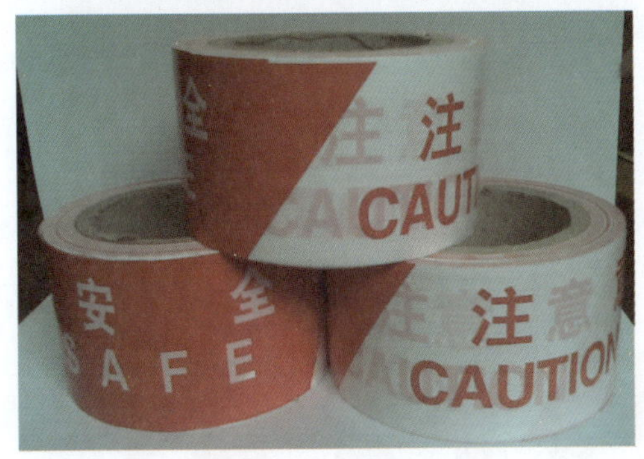


附图 C-69　安全警示带

附图 C-70　锥形交通路标

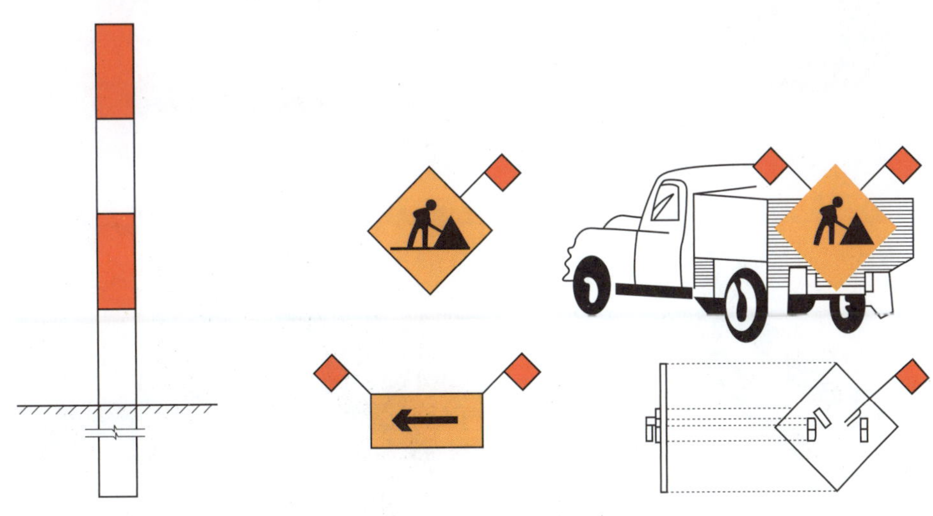

附图 C-71　道口标柱

附图 C-72　移动式标志车

附图 C-73　路栏

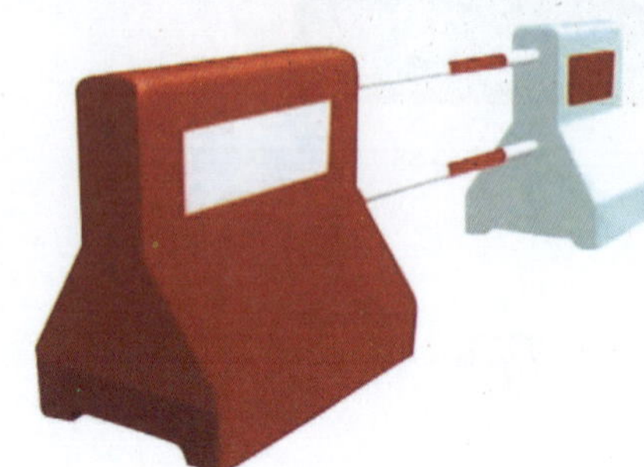

附图 C-74　施工隔离墩

附图 C-75　防撞桶

附图 C-76　水泥墩钢管护栏

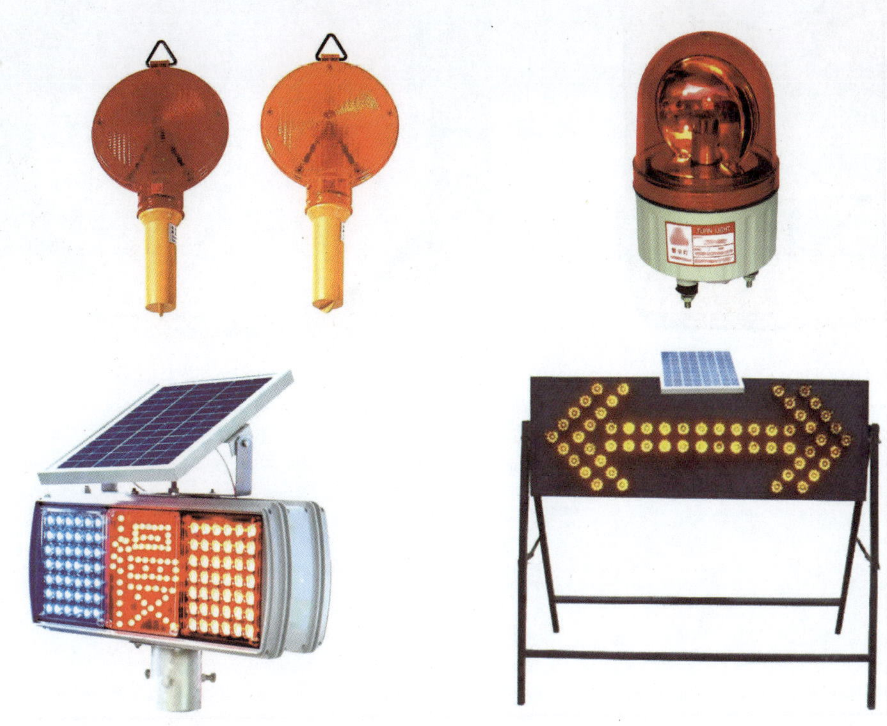

附图 C-77　施工警示灯

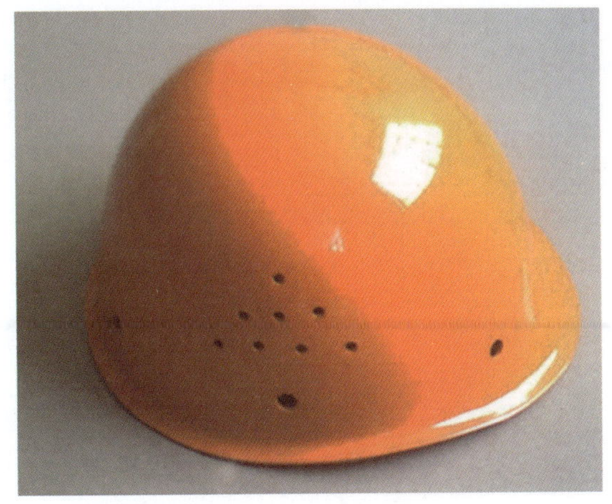

附图 C-78　反光安全帽

附图 C-79　全背式安全带

附图 C-80　反光安全服

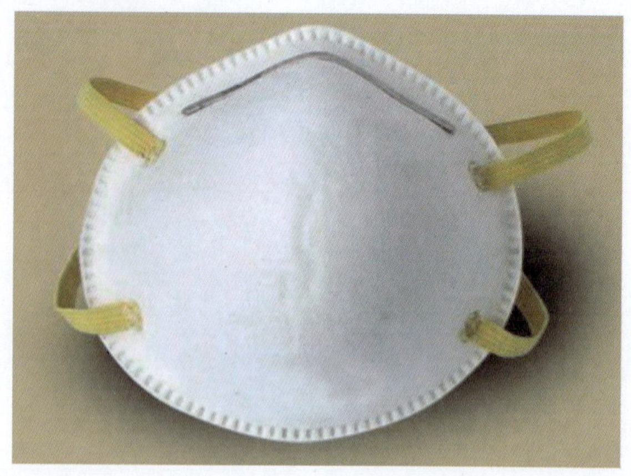

附图 C-81　防尘口罩